JN217514

できる人は
必ず持っている

一流の
気くばり力

安田 正

三笠書房

はじめに……仕事は気くばりに始まり、気くばりに終わる

あなたは、「気くばり」というものに、どのようなイメージをお持ちでしょうか。

気が利《き》くかどうかはもともとの資質だし、気くばりはできるに越したことはないけれど、仕事で一番大事なことではない……そんなふうにとらえているかもしれません。

しかし、「気くばり」とは——**相手を快適にするだけでなく、自分自身にとっても「圧倒的なメリット」のある、ビジネスにおいてもっとも大事なもの**なのです。

私は現在、企業の役員や経営者から、管理職、新入社員まで、ビジネスシーンでのコミュニケーションを教える研修を行なっています。仕事柄、年間に数千~万単位の方と接し、さまざまな日本のビジネスパーソンの姿を見てきました。

そんな、数々の「働く人」を観察してきた経験から——

「気くばり」こそが、すべての仕事の土台になる。

「気くばり」こそが、すべての仕事の成果を生み出す「源泉《げんせん》」である。

いや、「すべての仕事は気くばりに始まり、気くばりに終わる」と言っても過言ではない。


こう痛感しています。


私は35歳のときに独立を決心し、自分の会社を設立しました。

それまでとは、知り合う人のスケールが変わり、成功している企業の役員や経営者と、お目にかかる機会が増えて、気づかされることがありました。

それは、そうした**一流の方々は、みなさん1人残らず、気くばりの〝達人〟**だということです。

ですから、どなたも――一緒に仕事をしていると、なぜだかわからないけれど**すごく居心地がよくて、スムーズに事が運ぶ。**

なにげない話をしていても、決してわざとらしくはなく、ごくさりげなくて自然なのに、**会えば必ず好印象が残る。**会うたびに、好印象が増していく。

だから、また一緒に仕事をしたくなる。

そんな気くばりを発揮《はっき》してきたからこそ、目上の人にはかわいがられ、目下の人からは人望を集めて、それだけのキャリアを築き上げたのでしょう。

一流の一流たるゆえんは、ここにあったのです。

「ほんのちょっとしたこと」が、仕事を大きく左右する

私自身は、この「気くばりの重要さ」に気づくのが遅かったと感じています。

そのために、英語研修の講師を始めてまだ日の浅い若いころに、今でも忘れることのできない、大失敗をしたことがありました。

講師として相手先の企業を訪問し、無事に研修が終わった後に、お食事をご馳走《ちそう》になったのです。担当者の方と楽しくお話ししながら、お酒を酌《く》み交《か》わしました。

しかし、その翌日にも朝早くから、別の企業での研修が入っていたため、私はご馳走してくださった企業にお礼の連絡をすることをすっかり忘れてしまい――3日ほど

経《た》って、ようやく気づいたのです。

気づいた瞬間、頭が真っ白になりました。

あわてて、その企業の担当者の方に電話をかけます。

「先日は、ご馳走になり、本当にありがとうございました……」

しかしこれは、お礼のタイミングとしては、あまりにも遅すぎました。

電話に出た担当者の方は、**「ええ」**とそっけない反応です。

そしてそれ以降、その企業から研修で呼んでいただけることは二度となかったのです。

お礼の言葉を、タイミングを逃さずに、伝える。

そんな、ほんのちょっとした「気くばり」を忘れたがゆえに、私は大事な取引先を失い、そこからもっと広がっていったかもしれなかったビジネスチャンスをも失ったのです。

この大失敗以降、私は「お礼」をいつ、どんなふうにするかを、つねに頭に置くようになりました。メールの時代になってからは、ご馳走になったら、**「その翌日の朝7時」には、必ずお礼のメールを送信する**ことを、自らの中でルール化したのです。

こんなかつての私のように、気くばりができない人は、人間関係に〝ひずみ〟を生じさせ、場の空気をなんとなくよどませます。するると、仕事の循環が少しずつ滞《とどこお》ります。そして、本人が気づかないうちに、本来得られるはずだった成果をも、遠ざけてしまうのです。

この本を手にとってくださったあなたには、私のような失敗をしてほしくありません。

自分も周囲も、快適かつ楽しく仕事ができるステージを作り、効率よく仕事を進め、どのような環境でも、はやばやと評価を得、より大きな仕事に取り組んでいただきたいのです。

人生がうまくいく秘訣は、つまるところ、
人と人との間の〝見えない空気〟を、よいものにすること。
これこそが、仕事の枠を広げ、成果と評価を高め、お金も幸せも運んできてくれる。
そしてそれを左右しているものこそが、「気くばり」なのです。

気くばりに必要な〝5つのアンテナ〟とは

ここで、最初にお伝えしておきたい、大切なポイントがあります。

それは、「気くばり」がまったくできない人はゼロだということ。

これは、研修で多くのビジネスパーソンと接してきて実感しているところです。

ただ、**一人ひとりの性格や経験値によって、「得意な気くばり」と「苦手な気くばり」があるのです。**

これまで「気くばり」というと、会食の席で相手のグラスが空になっていないか目をくばるとか、「とにかく気を遣う」といった大ざっぱなとらえ方をされてきました。

しかし、多くの方々を観察していると、「気くばり」と言われているものは、大きく5つの要素から成っていることがわかりました。

「俯瞰《ふかん》する」→1章
「共感する」→2章
「論理を通す」→3章
「サービス精神を持つ」→4章
「尊重する」→5章

これらの要素を私は「アンテナ」と称していますが――この5つのアンテナを必要に応じて立て、アンテナがキャッチしたことを自身の言葉や行動に反映していくこと。これこそが「気くばり」なのです。

この5つのアンテナがいずれも高感度であれば、申し分ない気くばりができるでしょう。しかし、多くの人は、5つのアンテナの感度によし悪しがあったり、まだそ

の必要性に気づいていなかったりしているのです。
この5つのアンテナを、グラフにしてみましょうか。

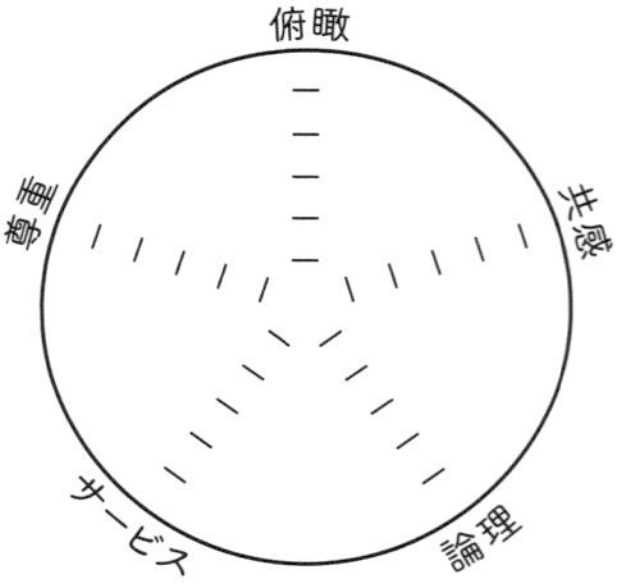

たとえば、メーカーの営業職のAさん（次ページ図上）は、**「サービス精神」**は人一倍旺盛《おうせい》で、周囲もそんなAさんに好感を持っています。
ですが、どうも仕事やスケジュールを一段高い視点から**「俯瞰《ふかん》する」**ことができない。そのためか、段取りがイマイチだったり、お客様のニーズと若干のズレが生じたりすることが多く、「いい人なんだけれど……」と重きを置いてもらえていないのです。

また、アパレル関係の製造部門のBさん（左図下）は、人当たりがよく**「空気を読む」**ことのできる人。お客様や関係者が何を求めているか、敏感に察知し、**「共感する」**ことができます。そこから生まれるアイデアも豊富です。

しかし、そんなアイデアを社内外に伝えるために**「論理を通す」**ことが苦手であるがゆえに、大きな実績につながっていないのです。

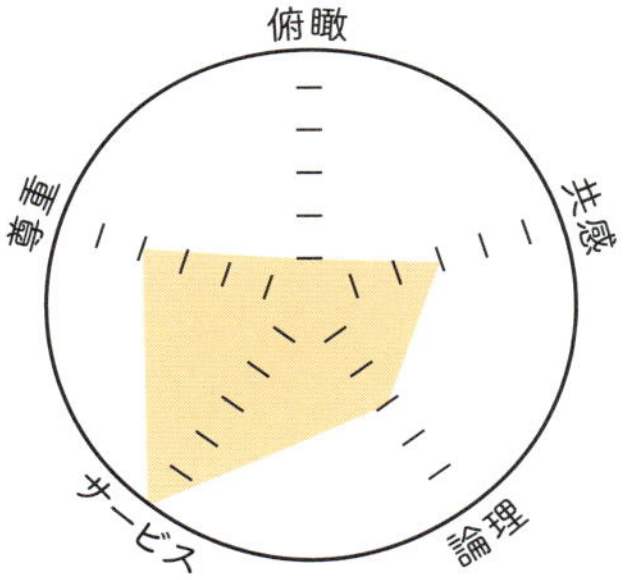

Aさん（33歳男性）

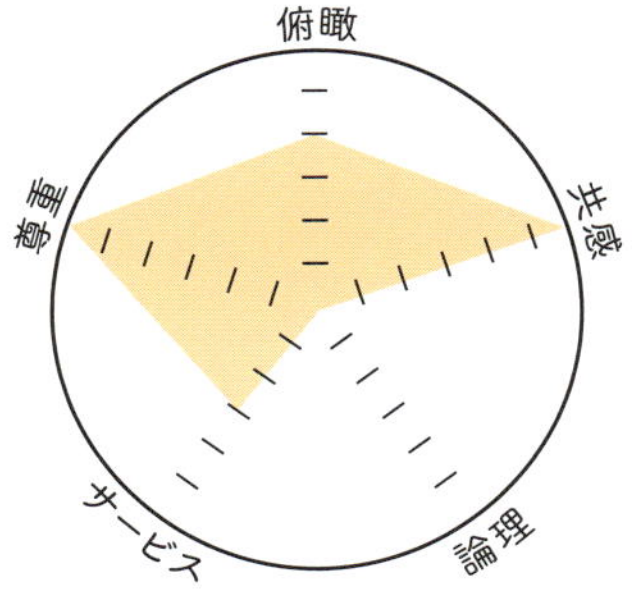

Bさん（28歳女性）

つまり、AさんもBさんも、5つのアンテナの感度にムラがある。感度のいいアンテナと、イマイチなアンテナがあるのです。

でも、その自覚がないゆえに、「自分は気が利かない」「なぜだか仕事でうまくいかない面がある」と思い込んでしまっているのです。

そこで、すでに感度の高いアンテナは大いに伸ばし、感度の低いアンテナ、今あまり使っていないアンテナを意識して、少しずつ改善していく。

すると、**成果も評価も、周囲が目をみはるほど劇的に変わっていきます。**

そしてこのグラフがバランスよくなると、「仕事ができる人」になるのです。

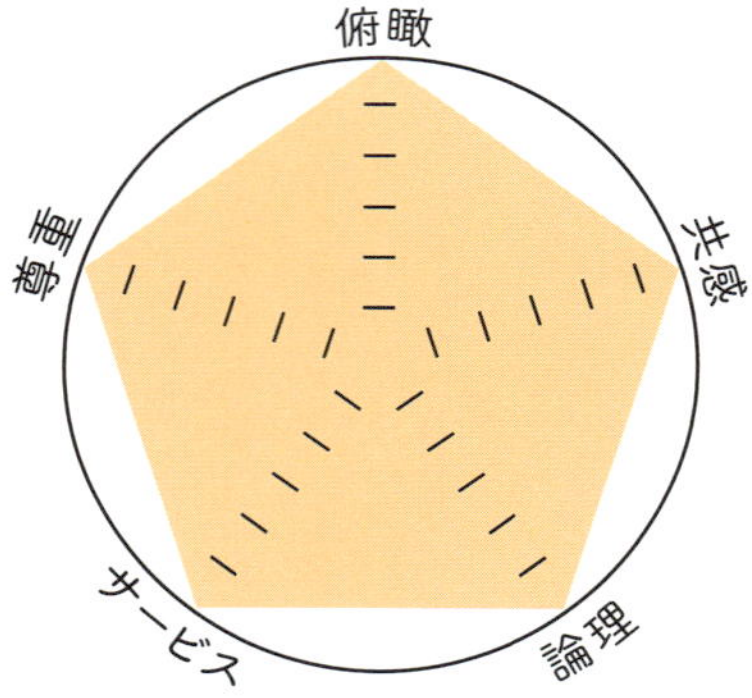

気くばりのできる人

＝

仕事のできる人

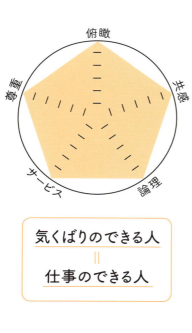

5つのアンテナすべての感度が高くなれば、ビジネスの現場で、全方向に向かって、どのような相手にも、柔軟に対応できるようになります。

私がこれまでに指導した方たちの中には、

- わずか数カ月で、それまでの**2倍近い仕事を受注できるようになった**人
- 営業先に気に入られ、**大口顧客をつかんでトップ営業マンになった**人
- 20人いる部下をコントロールできていないことに悩んでいたが、ごく自然にいい関係を築けるようになり、**チーム全体の連帯感が生まれた**という人
- 数字だけでない**社内での評価が高まり**、**管理職に昇進した**人
- 仕事・プライベートを問わず苦手な人が減り、**一度会った後にも縁がつながっていくようになった**という人

が、多数いらっしゃいます。

どなたも、何も特別難しいことをしたわけではありません。自分自身をよく知り、

5つのアンテナの状態を見極めたうえで改善し、よりこまやかな気くばりを総合的にできるようにしていったのです。

そう、**「気くばり力」とは「総合力」。**

本書は、これまで定義も曖昧《あいまい》で、個々人の資質によるとされることが多かった「ビジネスシーンで求められている気くばり」を、初めて体系化しました。

各章ごとに、その**「アンテナ」の感度を高めるにはどうしたらいいか**、読んだ瞬間からその場で実践できるよう、具体的なシチュエーションや方法を挙げて、お話ししていきます。

巻末には、今の自分のアンテナの状態がわかる、簡単なセルフチェックも用意しましたので、ぜひやってみてください。

本書が、あなたがより仕事を楽しみ、思い通りに成果を上げていくことにつながれば、著者としてそれ以上にうれしいことはありません。

安田 正

もくじ

2章

共感力の気くばり
相手に寄り添い、スマートに気を利かせる

3章

論理力の気くばり

「冷静でフェアな人」として、信頼を集める

4章

サービス精神の気くばり
「ゆき届いた会話」で、3倍好かれる

5章

尊重の気くばり

さりげない配慮が、心をわしづかみする

編集協力：樋口由夏／イラスト：岸潤一

1章

俯瞰《ふかん》力の気くばり

「全体を見る」ことで、つねに先を読む

気くばりに必要な「俯瞰のアンテナ」とは

企業のトップに立つ人、何かを成し遂げた人は、私の知る限りでは、1人残らず**つねに「一歩先を読んで」います。**

そのうえで、あらかじめ各方面に配慮や根回しをし、準備万端整えています。つまり先手を打っているのです。

それは、自分の担当する仕事に関してだけではありません。職場やプロジェクト全般にわたって、次にどのようなことが起こるか、何が必要になるかを見極め、万全《ばんぜん》を期《き》しているのです。

そんなふうに先を読むことができるのは、その人が仕事全体、職場全体を「俯瞰《ふかん》」

しているから。

俯瞰とは、高い視点から全体を見下ろすこと。

自分の仕事だけしか見られない、視野の狭い人には、到底、気くばりはできません。高い視点から、広く全体を見渡す。さらに、上司の視点、部下の視点、同僚の視点からも、自分や職場を見つめてみる。

そうすることで、自分に今、何が求められ、期待されているかがわかり、十分な気くばりができるのです。

すると、周囲にとっても自分にとっても、スムーズかつ快適に仕事ができるようになるでしょう。

リーダーとして頼りになる人、誰もが「できる人」と認めるようなタイプの人たちはみな、高感度の「俯瞰のアンテナ」を備えているものです。

この章では、そんな「俯瞰のアンテナ」を持つ人が、どのような気くばりをしているかを見ていきましょう。

この「俯瞰のアンテナ」の感度が高くなると、「私はこう思います」「こうするとよいと考えています」と、自分の意見を自信を持って述べることができます。

しかも、**口で言うだけでなく、行動で結果を出していくことができる**ようになります。行動力、指導力、責任感の強さ、チャレンジする勇気、みんなをまとめるリーダシップのある、いわば、「頼れる父親」のような存在になれるのです。

この気くばりができると、こんな「あなた」に変わります！

- 自分だけでなく、職場全体の仕事を見られるようになる
- 優先順位を立てるのがうまくなる、仕事の効率がアップする
- 「できる人」という印象を与え、リーダーシップを発揮できるようになる
- 「責任感のある人」だと周囲に感じさせる
- 周囲に自然と頼りにされるような〝存在感〟のある人になれる

「俯瞰のアンテナ」の感度が高い人は、こんな人

そのとき、求められていることの「一歩先」を読む

「先までよく見通す」ためのチェックポイント

「報告・連絡・相談（ホウレンソウ）」の重要性は、ビジネスパーソンなら誰でも知っていますよね。でもこれ、若いビジネスパーソンのうち、「求められているホウレンソウ」をできている人はどれくらいいるか、知っていますか？　30％？　20％？

いえいえ、とんでもない。実は、1％もいないのが現実です。

なぜ、これほどできていないのでしょうか。その理由は明快です。

そのホウレンソウに「何を期待されているか」まで考えて、それに応えられている人は、驚くほど少ないからです。

逆に言えば、「期待に120％応えるホウレンソウ」ができれば、気が利くと思われ、仕事でも頭ひとつ抜けた成果を出せる存在になれること、間違いありません。

必ず盛り込みたい「3つのポイント」

「ホウレンソウ」ができていると思い込んでいる人の多くが、実は「自分がやったこと」だけしか報告していないのです。

繰り返しになりますが、報告をする以上、必ずそこに「期待されている結果」があるはずです。

「今日、△△会社の××さんに会ってきました！」

「お客様から、15時ごろにクレームのお電話がありました……」

これだけで、報告したと思っている人がいます。私が上司なら、ズッコケてイスから滑り落ちてしまいますね。これだけでは「報告」ではなく、「ただ事実を述べただけ」です。「……で？」と言いたくなってしまいます。

「俯瞰のアンテナ」を持っている人は、「報告」する際には、次のような〝展開〟を意識しています。

①現状

誰からメールがきた、仕事をした、○○会社の××さんに会った、など。

上司にとって〝知る必要のあること〟だけを、できるだけ簡潔に伝える。

②見通し

①の現状を踏まえて、それについて自分が得た感触、手ごたえ。**今後、どうなりそうか。**どのような展開が想定できるか。

③対処

②の見通しを踏まえたうえで、**自分はどう対処するつもりか。**特に、見通しが悪い場合、どのようにそれに対処するのか。具体的な解決法があるか。新たに提案できることはあるか。いつまでに何をする必要があるか。

この3点を盛り込むと、先ほどの「報告」は、こうなります。

「今日、○○会社の××さんに会ってきました（①現状）。お話ししてきた感触では、

今週中には、受注をとることができそうです（②見通し）。メールでも、もうひと押ししたいと思います（③対処）」

「お客様から、クレームのお電話がありました。商品に欠陥《けっかん》があったということで、ていねいにお詫びをし、交換の品をお送りするとお伝えしたところ、お許しいただけました（①現状）。××が原因の欠陥なので、今のところ同じ欠陥のある商品はないかと思います（②見通し）。ですが今後のために、○○部と再発防止策を検討し、また来週の会議でも、みなさんに報告したいと思います（③対処）」

「③対処」まで盛り込めて初めて、報告です。

そして、③の対処の仕方を、考えてもどうしても思いつかないときは、「どのようにすればよろしいでしょうか」と上司にお伺いを立てる。その報告が「相談」になるということです。

上司に「……で?」「それで、どうするの?」などと絶対に言わせない、内心でも思わせないホウレンソウができるようになりましょう。

「③対処」が具体的になればなるほど、一気に差がつく

先に挙げた3点の中では、「③対処」が一番大切です。

①の現状や②の見通しがあっても、③の対処がなければ、その仕事は少しも発展していきません。

ここにこそ、すべての気くばりが集約される、ここで気の利く人と気の利かない人の差が大きくついてしまうと言って

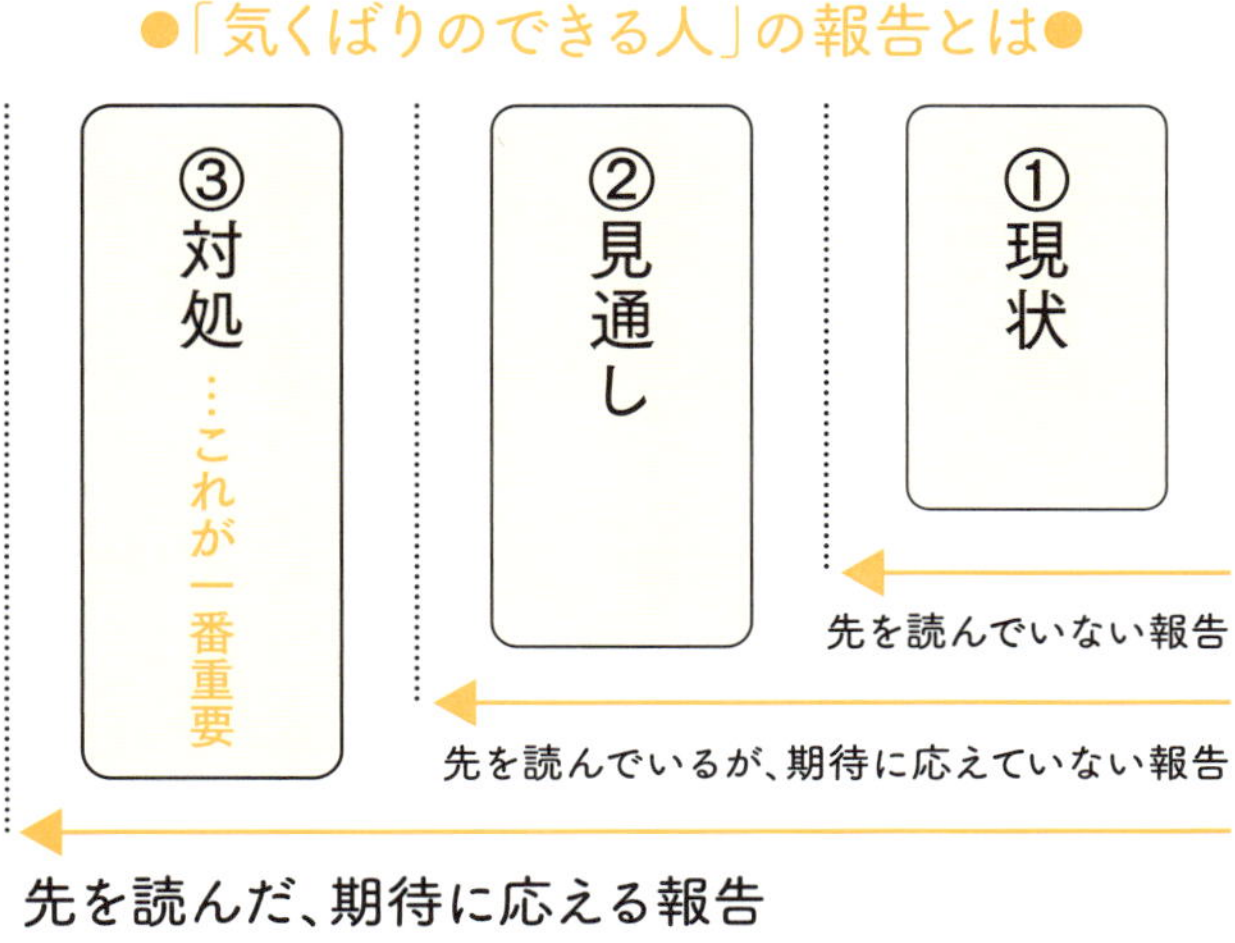

も過言ではありません。

あるいは、この本を例にとりましょうか。

私はこの本の著者ですから、本書を多くの人に読んでもらいたい、つまり売りたいと思っています。そこで、社員にもうまく宣伝するように指示します。

そのときに「絶対に売りますから!」「みんな売る気でいますから任せてくださ い!」と言われたらどうでしょうか。

もちろん嫌な気持ちはしません。でも、ここで期待しているのは、〝一歩先を読んだ、具体的な行動〟です。

「SNSでフォロワー数の多い知人に、この本を渡して、紹介する投稿をしてもらいました。これから発売日に向けて、どんどん拡散《かくさん》されていくと思います!」

こんなふうに、多くの人に読んでもらうための具体的な行動まで報告してもらえたら、素晴らしいですよね。

つまり、「①現状」「②見通し」を踏まえて、「③対処」につなげるために「次の行動」、「次の行動」と具体的に動いていくのです。

「自分は次に何をすればいいか、何ができるか」

つねにこれを頭に置いて行動することが、すなわち「気くばり」です。

実は、相手の求めているものの一歩先を読むことだけなら、できている人は意外と多いものです。ところが、一歩先を読んでいるだけ、という人が多いのです。

「俯瞰のアンテナ」の感度が本当に高い人は、一歩先を読んだら、もう行動しています。

行動するかしないかで、天と地ほどの違いが出てきてしまうのです。

ポイント

「見通し」を踏まえ、「次の行動」をいち早く起こす

俯瞰の気くばり②

相手目線で、仕事の「スケジュール」を組む

期待されていることを、外さない

ビジネスにおいての気くばりで、何より大切なこと。それは、上司や取引先といった、相手のスケジュールに配慮することです。

「スケジュールに配慮する」と言いましたが、何も秘書のように、つねに相手の予定をチェックしておきましょう、ということではありません。

相手のスケジュールに配慮するとは、**相手にとってのプライオリティ（優先順位）を理解しておく**ということです。

プライオリティの立て方が下手な人は、どんなにモーレツに働いているように見えても、仕事が遅かったり、周囲に評価されなかったりするもの。

「すべての仕事は、プライオリティを立てることから始まる」のです。

仕事の「優先度」を5段階に分ける

社内においては、自分の仕事のプライオリティを立てることも大切ですが、上司にとっての仕事のプライオリティを正確に把握することが求められます。

あなたが上司から、仕事を指示されたとしましょう。

そのときにまず、その仕事が上司にとってどのくらい重要なのかを考えます。

ここでは、**重要度の高さ＝仕上げるまでのスピードの速さ**と考えてください。

上司から指示された仕事を、受けたほうは勝手に「後でやればいいや」と判断してしまった。ところがそれは上司にとっては、最優先でやってほしい仕事だった、というケースはよくあります。

つまり、**その仕事をどのくらいの速さでやるべきかを正確に評価し、期限を切ることが「気くばり」になる**のです。

この評価の目安は、以下の5段階です。

1　1時間以内

2　半日以内

3　1日以内

4　翌日を含め、日をまたいでもいい

5　1週間以内

（この5段階より長い期間のものは、もはや当面のプライオリティには関係のない仕事です）

仕事を指示されて、いつも同じ対応しかできないようでは、気くばりができているとはとても言えません。

上司が「**1（1時間以内）**」で対応してほしいと思っているのに「**4（日をまたぐ）**」の対応をしてしまったら上司を困らせることになります。

逆に、上司にとってのプライオリティを理解せずに、必要以上に急いで「**1（1時間以内）**」のスピードで対応したら、「悪いね。そんなに急《せ》かしてるつもりはなかったんだけどさ……」と、せっかくの努力がムダになってしまいます。

「あれ、どうなっている？」と言わせない

「俯瞰のアンテナ」の感度の高い人は、仕事を引き受けるときに必ず、

「いつまでですか？」

と締め切りを確認します。

これをビジネス英語では「due（デュー）」といい、「締め切り」や「期限」を表わします。現実には、仕事を指示されても、多くの人は、この due を確認しようとしません。

「○○の資料を作っておいてくれるかな？」と上司。

「はい、かしこまりました」といい返事をする部下。でも、**「これは、いつまでに必要でしょうか？」**とは聞かないのです。

逆に言えば、仕事を頼まれたとき、間髪《かんぱつ》入れずに**「いつまでですか？」**と聞けば、

「この人は気くばり力が高い」「仕事ができる！」と評価してもらえるということです。

もちろん、言われた期限は、必ず守ることが必要です。

すでに急ぎの仕事を抱えていたり、まだその仕事に不慣れだったりする場合は、**「●日の何時までにお渡しできれば、大丈夫でしょうか?」**などとより細かく期日を確認してもいいでしょう。

上司に「あれ、どうなっている?」とだけは、絶対に言わせてはいけません。

このひと言を言ってくるということは、上司はそれまでに相当、「どうなっているのかな?」「進んでいるのかな?」と内心では不安になったりイライラしたりしていて、とうとうそれに耐えかねて聞いてきた、ということです。

もし、そう言われてしまったなら、その仕事に対する上司とあなたの重要度の理解がずれていたと自覚し、今後は必ず締め切りの確認をするようにしましょう。

ポイント

相手にとっての「優先順位」をもっとも重視する

俯瞰の気くばり③

人に頼むときは、「お願いします」ではなく「お願いできますか？」

↓「一緒に仕事をしやすい」と思わせたら、勝ち今度は、あなたが同僚や後輩、取引先などに、急ぎの仕事を依頼する場面を想定してみましょう。相手に「どうしても今日中に終わらせてほしい」場合、あなたならどう伝えますか？

相手が忙しいから大変そうだとか、こんなことを頼んで相手が気を悪くしないかと考えることが気くばりのように思われがちですが、ビジネスにおいて、絶対に期限を守ってもらわなければならないときには、そんなことは言っていられません。

相手に「なんとしても期限通りに仕上げよう」ときっちり意識させ、実際にそうできるようにしてあげるのが、本当の気くばりです。

「なぜ」と「いつまで」を2点セットで

ここで重要なのは、「相手がその仕事の緊急性を理解するだけの理由」を説明できるかどうか。そして、締め切りをはっきりと示すことです。たとえば、こんな具合です。

「実は急に、重要な取り引き先のA社に、明日の15時からプレゼンすることが決まりました。そのため、明日の13時までには資料を仕上げる必要があります。お忙しいところ大変申し訳ないのですが、お願いできますか？」

このように、**「なぜ」急がなければならないのかという理由**と、**「いつまで」という期限**を、必ず示すこと。

「なぜ」がなければ、意味もなく急かされている、こちらの状況などまったく考慮せずに頼んできているという印象を相手に与えかねません。

「いつまで」がなければ、相手の仕事の進み方次第では、当初もくろんでいた出来上がりに間に合わないということになりかねず、あとあと自分が困ることになります。

この2点を盛り込んだうえで、どれだけ筋道を立てて、相手に理解してもらえるように説明をできるかということが重要です。

ここではさらに、もうひとつ気くばりのポイントがあります。それは、**相手の「許可を得る」形で依頼すること**。

つまり、「お願いします」ではなく**「お願いできますか?」**という、相手の許可を乞《こ》う言い方をするのです。

取引先に仕事を頼む場合は特に、それを引き受けるかどうかは、あくまで自分ではなく、相手が決めることだという態度で伝えなければなりません。

そんな気くばりがあれば相手も、他の仕事を後回しにしてでも「仕方ない、やってやろう」「そう言うなら、引き受けてもいいか」と優先順位の変更をしてくれるでしょう。

「人に渡すための準備期間」を確保する

蛇足《だそく》ながら、このような急ぎの頼みごとは、よほどのことでない限りしないこと。

さもないと「自分勝手なやつ」というレッテルを貼られてしまうかもしれません。

あなたのまわりにも、いつもギリギリになって言ってくる人、いませんか？

「あと1週間、せめて2、3日でも早く言ってくれれば……」ということも多いのではないでしょうか。

それほど、スケジュール管理は気くばりの影響が大きく、難しいものなのです。

「俯瞰のアンテナ」の感度が高い人は、普段から、仕事を依頼するときは「早めにアクションを起こすこと」「できる限り前倒しすること」を心がけています。

そして、前倒しで人に仕事を頼めるようにするために、**「この仕事は、この日までに○○さんに渡す」と自ら期限を切って、そのための準備期間を、自分のスケジュールに組み込んでいます。**

余裕を持って、「1日前倒し」ぐらいの感覚で渡せるように、スケジュールを組めれば理想です。

誰に言われるでもなく、自分で期限を設定し、それを必ず守る。

これができる人は、「気の利く人」「一緒に仕事のしやすい人」と周囲に思わせることができます。

「自分の仕事」の中にも、「他の人に部分的に頼んだり、チェックしてもらったりする必要のある仕事」と「自分1人で済ませられる仕事」があることでしょう。

人に頼まなければならない仕事は、最優先で進める。
自分1人で済ませられる仕事は、一番後回し。

これは、超基本中の基本です。

ポイント
他の人と進める仕事は、必ず「1日前倒し」

俯瞰の気くばり④

相手を観察し、「タイミング」よく話しかける

お互いに〝スムーズに〟仕事をする秘訣

気くばりには、努力が必要です。

このように書くと、「えー、努力なんて無理、無理！」という声が聞こえてきそうですが、それほど難しいことではありません。

要は、**「相手のリズムに乗ること」**なのです。「俯瞰のアンテナ」の感度が高い人は、これができています。

相手の「仕事のリズム」をつかめると、ぐっとラクになる

ここまで、「この人は自分に何を期待しているのか」を考えることの重要性について書いてきましたが、それができるためには、**その人の「傾向」を理解しておく**必要があります。

たとえば、上司が何事も時間を早め早めに設定して進めるタイプだったら、それに合わせて、何事においても早め早めに先を読んで行動することが必要です。

相手がどういうタイプかを知るには、日ごろからよく観察しておくことが重要になってきます。

「上司の○○さんは、いつも始業時間の1時間前に出社するから、なんでも早めに進めたほうがいいな」

「□□さんは、午前中は集中してデスクワークをしているから、相談事は昼休みが終わってからにしよう」

といった具合です。

しばらく観察していると、その人の〝仕事のリズム〟がわかってきます。

「あの上司は、ものすごく朝型だ。出社後、毎朝デスクで新聞を読んでいるから、それを読み終わったころに声をかけると、話が通りやすい。逆に、16時以降に何かを持っていくと『遅い』と思われる」

あるいは、

「あの課長は朝が苦手なタイプだから、午前中はエンジンがかからない。昼過ぎごろ

が、一番機嫌がいい。だから、新しい企画の話を持っていくのは、14時ぐらいがいい」

また は、

「あの同僚は週末はいつも早く帰りたがるから、できれば込み入った相談事や頼み事は、水・木曜までに終わらせたほうがいい」

などなど。もっと大きなリズムでは、

「あの部署は月末になると忙しくなる。だから、その月の中旬までに持っていこう」

と考えることもできます。そういった相手のリズムを知り、それに合わせるようにすると、ごく自然に、お互いに気持ちよくスムーズに仕事を進められるのです。

話しかける「タイミング」を読めている？

相手のリズムをつかむこと。これが、気ぐばりができるようになる第一歩です。

そして、リズムをつかむと見えてくるのが、「タイミング」です。**声をかける、報告や相談をするタイミングは非常に大切です。**

でも、仕事には突発的に入ってくるものもありますから、いつもリズムをつかんでベストタイミングに、というわけにはいかないときもあるでしょう。

上司に話しかけるタイミングをうまくつかめないと感じている人も多いのではないでしょうか。特に、忙しそうにしている上司には、話しかけづらいものです。

かといって、一日中、様子をうかがっているわけにもいきません。グズグズしていたら、気がつけばもう退社時刻——ということにもなりかねません。そんな時間になって「お話ししたいことがあるのですが……」と言ってこられたら、やっと今日の仕事を終えた、と思い始めていた相手にとっては大迷惑です。

相手が忙しそうで話しかけるタイミングをつかめない、でもどうしても今日中に話さなければならないことがある。

そんなときは、メモを書いて渡すのもひとつの手です。

「○○の件でご相談したいことがあります。10分ほどお時間をいただけないでしょうか」

などと書き、渡すときには、

「○○課長、失礼いたします。メモを置いておきます」

と言って、すぐ引きあげるようにしましょう。

こうすれば、仕事に集中している相手の邪魔になることもありません。

ポイント

相手の「仕事のリズム」を把握する

俯瞰の気くばり⑤

打合せ・商談・接待中はコンマ数秒の気も抜かない

↓「打てば必ず響く人」になる

タイミングを見計《みはか》らい、それを逃さない人は、大きな仕事をつかむきっかけを逃さない人でもあります。

先日もこんなことがありました。

よく行くお気に入りの和風居酒屋で、スタッフと一杯やっていたときのこと。お酒の席といっても、話している内容は営業会議の延長のようなものでした。店の中に他のお客さんはそう多くはなく、そこに外国人のカップルが入ってきました。

その2人は日本語がまったく話せないようだったので、私とスタッフが、「ここはこの料理がおいしいですよ」と教えてあげると、よほどうれしかったのか、私たちの席にパッと入ってきたのです。

このとき、もしあなたが同席しているスタッフだったらどうしますか。

「一緒にどうぞ」と言うべきか、主催者である私が言うのを待つべきか、戸惑うのではないでしょうか。しかも、営業の大事な話をしていたのですから。

結果としては、私が「どうぞ」と言いました。そして私が「どうぞ」と言い終わら

ないうちに、スタッフも「どうぞ」と言いました。コンマ何秒の判断です。

もしスタッフが先に「どうぞ」と言っていたら、私は「今日は、営業会議なんだから」とピシャリと止めていたかもしれません。

あるいは、私が「どうぞ」と言っているのに、スタッフがすぐに「どうぞ」と同調してくれなかったら、なんだか私の好意が反故《ほご》にされたような気分になります。仮にスタッフが同調したとしても、言うのが3秒遅れたら、やはり同じでしょう。

一瞬のタイミングが、人生を左右することもある

コンマ何秒と3秒、この違いがわかるでしょうか？

特に**商談などの席では、タイミングが1秒遅れただけで、人の気持ちは180度変わることもあります。**それが人生の分かれ目になることさえあるのです。これは大げさな話ではありません。

私の知っている出世した人たちは皆、ここに敏感でした。
そして**「俯瞰のアンテナ」の感度が高い人は、大切な局面では、相手に全神経を集中させ、1秒たりとも気を抜きません。**

私は若いときから英語研修の営業を続けてきましたが、当時売っていた研修の内容は、今振り返れば決して特別いいものではありませんでした。でも、売れていたのです。それはなぜかと聞かれたら、商談やお付き合いの場で、コンマ数秒でも、相手に対して気を抜いていなかったからにほかなりません。

大切なクライアントとの飲み会では、1秒たりとも気を抜かず、その方が気持ちよく飲めるよう気くばりをしていましたから、「あなたがいると、なんだか知らないけど楽しいよね」と言われ、そして最後に「あの研修、頼むわ」と言われたのです。

ポイント
大事な局面では、全神経を相手に集中

俯瞰の気くばり⑥

お礼こそ、「即・送信」

忘れられない存在になる、超シンプルな方法タイミングを外さないこと、求められているスピードをつかむことが大事な気くばりだと、繰り返し書いてきました。なかでも、スピードが何より重要になるシチュエーションは、「お礼」をする場面でしょう。

たとえば、取引先から接待を受けた、仕事を引き受けてほしいとずっと思っていた相手先を、やっと訪問させてもらえたとしましょう。

そのお礼のメールを、あなただったら、いつ送りますか？

夜の接待のお礼なら、翌朝出社して、自分のデスクについたら何をするより真っ先に、「昨晩はありがとうございました」と送信。

昼間のアポのお礼なら、必ずその日のうちに、遅くともその日の夕方ごろには、「本日はありがとうございました」と送信。

絶対に、このタイミングを逃してはいけません。

翌日の夕方ごろになってお礼メールを送っても、「あっ、そういえば、昨日はどうも……」と、やっと思い出しましたという印象になってしまいます。相手は、本当に大事に思われているとは思えず、社交辞令としてしか受け取らないでしょう。

さらにいえば、本当に感謝の気持ちを伝えたいなら、やはりメールではなく、直筆の手紙に限るでしょう。

何事もスマートに電子化されているこの時代だからこそ、便せんに時間をかけてしたためるというアナログなやり方が、相手の気持ちに響くのです。

これは、広告業界のある女性から聞いた話です。

彼女は以前、コピーライター養成講座というセミナーに通っていて、その講座には毎回、業界の有名人が講師として登壇していたそうです。そして、セミナーが終わると懇親会《こんしんかい》があって、そこで講師から名刺がもらえるのですね。

すると彼女は、懇親会が終わって、**夜遅くに帰宅するとすぐに、その日の講師に宛《あ》てて、直筆でお礼の手紙を書いた**そうです。「こんなお話が、大変勉強になりました」と。そして、翌朝には投函《とうかん》する。

都内であれば、早ければ翌日には手紙は届きますから、「おとといの受講生から、もう礼状がきた。しかも、すごくていねいな内容だ」と驚かれるわけです。

そうやって自分の名前を覚えてもらって、講師との人脈を築き、気に入られて仕事も紹介してもらえた。その結果として、彼女は今では売れっ子のコピーライターとして活躍しています。

スピーディーでていねいなお礼が、いかに相手の心をつかむかが、よくわかるエピソードです。

ところで私の会社では、社員全員に、本人のキャラクターをイメージしたアイコンをデザインした便せんを作っています。私の便せんのアイコンは、テニスが趣味なので、テニスラケットのデザインです。

そんな小さなところから、「忘れられない存在」として印象づけていくのです。

ポイント7

「直筆の文字」で心をつかむ

俯瞰の気くばり⑦

小さな仕事でも「プラスα」になる改善点を探してみる

やがて〝圧倒的な差〟を生む習慣

「俯瞰のアンテナ」の感度が高いということは、「自分も相手もwin-winの状況になる準備ができる」ということです。

ただ、これは、一朝一夕にできることではありませんから、先読みをする習慣、クセをつけてしまうことが大事です。そのためにはビジネスの場だけでなく、日常生活でも、相手の「先」を読むようにすることです。

たとえば、行列のできる店でランチを食べたのなら、支払いのときは忙しい店員さんの手をわずらわせないようにお釣りのないように支払う。あるいはEdyなどの電子マネーで支払う。そんなことでいいのです。

先読みをして相手が喜んでくれ、自分もうれしい——それがwin-winの関係です。

人に指示されていなくても「自分で」考える

職場で一歩先を読むには、どうすればいいのでしょうか。

たとえば、あるプロジェクトのメンバーに選ばれたとしましょう。

そこであなたが、上司から頼まれていないのに、資料をブラッシュアップしました。

そして上司にこんなふうに言います。

「部長、この資料ですが、あまり目を引かないように見えたので、ちょっと直してみました。あまりうまくできていないかもしれませんが……」


指示されたことしかできない〝指示待ち君〟が多い中で、あなたがこんな仕事をしたら、**上司は口では「それは君の仕事じゃないだろう」などと言いながらも、心の中では「なかなかやるな」と思っていることは間違いありません。**

つまり、頼まれていないプラスαの仕事をするということです。


豊臣秀吉が、上司である織田信長に気に入られた有名な逸話があります。

秀吉がまだ木下藤吉郎《きのしたとうきちろう》と呼ばれていたころのこと。冬の寒い夜、信長が草履《ぞうり》を履くと、ほんのり暖かい。信長は「わしの草履の上に腰かけた不届き者」と秀吉を叱《しか》りました。ところが、秀吉は「寒い夜ですから、おみ足が冷えていらっしゃると思い、懐《ふところ》で温めておりました」と言ったのです。信長はその場では何も言わなかったものの、後日、秀吉により重要な仕事を与えたという話です。

どれだけ「余計なこと」を考えつくか、どれだけプラスαの仕事ができるかとは、このようなことではないでしょうか。

もしも上司から「余計なことをしなくていい」と言われたら、それはほめ言葉。

一歩先を読むことができている証と思って、自信を持ってください。

「まず行動」してみて、後から修正する

ところが、「余計なことをしてはいけない」と思っている人も多いと思います。

でも、ここではっきり申し上げたいのですが、「余計なことをしてはいけない」と思っている人は、たいてい何もしていない人です。

確かに、本当に「余計なこと」である場合もあります。それで注意されることもあるかもしれません。

しかし、**余計か余計でないかは、行動してみなければわからない**のです。

行動してみて余計だったら、後から修正すればいいのです。

そう、修正は後からいくらでもできるのです。だから、まずは一歩動いてみる。

余計なことかもしれないな、と思ってもやってみることです。

たとえ結果として余計なことであったとしても、まったく動かなかった人よりも得るものは確実にあります。

一歩先を読むために必要なエンジンは2つあります。

それは「相手を喜ばせたい」「相手の役に立ちたい」というものです。

秀吉が信長の草履を温めておいたように。この気持ちがあれば、余計なことをするのが苦ではなくなるどころか、楽しくなるでしょう。

「この書類、もっとこうしたらいいいんじゃないか?」

「明後日の打合せ、こういう準備をしておくと、喜ばれるかもしれない」

そんなアイデアやシミュレーションが、自然に湧《わ》いてくるかもしれません。

仕事が面白くなる、一番シンプルな考え方

あなたが一歩動き始めたら、人生は「受動」から「能動」に変わります。

上司から指示された仕事だけをする。これが受動です。受動の人はきっとほとんどが「どうしてこんな仕事ばかりさせられるのだろう」と思っているでしょう。仕事がさぞかしつまらないでしょう。就業中も早く帰りたい、早く飲みに行きたい、と思っているかもしれませんね。

一方で、仕事に対して、「こんなふうにやってみようか」「こうしてみたらどうだろう?」と考えながら仕事をする。これが能動です。

この両者には、雲泥《うんでい》の違いがあります。

同じ仕事内容でも、受動から能動に変わった瞬間、楽しくなるのです。

おまけに、あなたの評価もアップしますから、ますます仕事が楽しく、面白くなるという好循環が生まれます。


仕事そのものが面白いものに変わるわけではありません。

あなたの思い、心がけひとつで変わるということです。

受動はつらい。能動は楽しいのです。

仕事が「能動」に変わる瞬間

能動で仕事をしていると、「俯瞰のアンテナ」の感度が高まり、どんどん仕事を広げていくことができます。

受動的な人は、能動的な人には絶対にかないません。

能動的な人は、ときに失敗もします。しかし必ず、この失敗をどう活かすかを考えています。受動的な人は、失敗したらただ落ち込むだけです。

たとえば営業成績が悪かったとき、「何が悪かったんだろう」と考えて終わるのではなく、さらに掘り下げて分析をします。

分析した結果、「ここを変更しようかな」と考えられたら、その瞬間、仕事は能動に変わるのです。

たとえば私自身も、営業の電話をかけることが日常的によくあります。

でも私が研修の講師をしている時間は、当たり前ですが営業の電話をかけられません。すると、契約がとれなかったらと怖くなります。

ですから研修中（英語を教えているときなどに）「じゃあみなさん、ちょっと考えておいてくださいね」と伝え、受講中のみなさんが考えている間にちょっと席を外して、営業の電話をかけるという荒技《あらわざ》をすることもあります。
そこまでやるの？　と言われそうですが、そこまで自ら考えて動く人が他にいないから、「誰にも負けない」という自信がつくのではないでしょうか。

ポイント7
「指示待ち」「とりあえず現状維持」の逆を行く

2章

共感力の気くばり

相手に寄り添い、スマートに気を利かせる

気くばりに必要な「共感のアンテナ」とは

あなたのまわりに、いつも笑顔で話を聞いてくれ、心から深く共感してくれるようなタイプの人が、1人か2人はいないでしょうか。

いわゆる「感じのいい人」「とてもやさしい印象を与える人」です。

このような人は、これから紹介する「共感のアンテナ」の感度の高い人です。

人は誰しも、自分の立場や感情を理解し、共感してもらいたいと思っています。

共感してもらうことで、「自分を受け入れてもらえた」と感じ、共感してくれた人と接すると心が安らぎ、その人を信頼するようになります。

家庭でいえば、やさしく見守ってくれる母親のようなタイプが、「共感のアンテナ」の感度の高い人です。このような人は相手を否定することなく、ひたすら話を聞いてくれますから、話すほうも、つい心を開いてしまいます。

相手の立場、考え方、感情、価値観に共感し、寄り添うこと。

これこそが、気くばりの出発点です。

共感するということは、決して表面的なうわべだけのことではできません。

しかし、「共感のアンテナ」のある人は、それが自然にできてしまいます。心が温かく、周囲から信頼を得ることが多いため、組織にはなくてはならない人材です。やさしさや思いやりが深く、他人に対して寛容《かんよう》なぶん、やや決断力に乏《とぼ》しく頼りない面もありますが、当たりがソフトなため、決して嫌われることがありません。

頑固なほうだ、臨機応変に対応するのが苦手だ、つい理詰めで考えてしまう……といった自覚がある人は、ぜひ、今日から「共感のアンテナ」の感度を高める努力をしてください。きっと、ビジネスパーソンとしてのあなたのバランスを整える一助になることでしょう。

また「私はこう思います」と自分の意見ばかり主張するのではなく、相手の気持ちに配慮したり、相手の考え方を尊重したりすることができるようになります。

「共感のアンテナ」の感度を高めたうえで、「よければ、こうしましょうか」という提案をプラスできれば、それは相手にとってうれしい気くばりになるでしょう。高性能の「共感のアンテナ」は、最強の武器になるのです。

この気くばりができると、こんな「あなた」に変わります！

- 相手が何を求めているのか、「察する」ことができるようになる
- 礼儀正しく、しっかりした人という印象を与える
- 「気が利く人、マメな人」として評価される
- どんな立場の人からも、〝職場の潤滑油《じゅんかつゆ》〟として重宝され、感謝される
- 人当たりがやさしくなり、周囲にもやさしくしてもらえる

「共感のアンテナ」の感度が高い人は、こんな人

ひと声かける、「勇気」と「手間」を惜しまない

↓「あの人は、なぜか感じがいい」理由

「共感」や「思いやり」は身近な言葉のようで、実は多くの人が、その意味を浅くとらえています。

たとえば、知人や同僚にとても悲しいことがあったとき、誰もがとっさに「かわいそう」と感じ、「なんとかしてあげたい」と思うことでしょう。

しかし、それだけでは、共感でも思いやりでもないのです。日本人はとかく、目に見えない気くばりや思いやりをよしとする傾向があります。もちろん私もそれを否定はしません。

ただ、ビジネスの場においては、目に見える行動を伴わなければ、その気くばりは「ない」のと同じことです。

気くばりは「言葉に出す」ことから始まる

いくらあなたがやさしい心を持っていても、行動でそれを示さなければ、相手にはわかりません。

どんな些細なことでもいいのです。まず、行動に移すと決めましょう。

「決める」とは、言い換えると、「ルール化」するということです。


たとえば、「言葉をかける」というのも、立派な行動です。

「共感のアンテナ」の感度を高めるためには、日常の些細な行動をルール化することが、抜群に効果的です。

行なうことはただひとつ。

気くばりを意識的に「言葉に出す」ことです。

もともと「共感のアンテナ」の感度がある程度高い人は、繊細な人が多いのですが、やや行動力に欠ける傾向があります。

ですから、言葉に出す機会を増やし、行動力をプラスすることで、アンテナがより強力なものになります。

私がおすすめしているのはエレベーターでの会話です。

エレベーターで誰かと乗り合わせたとき、**「何階ですか？」**と聞いて、ボタンを押してあげるのです。

この、声をかける「ほんのちょっとの勇気」を持ち、「手間」を惜しまないこと。

当たり前のようにやっている人にとっては、簡単なことかもしれません。

ですが、同じマンションに住んでいたり、同じビルの会社で働いていたりする人と乗り合わせても、意外とこれができていない人が多いのです。顔見知りの人に会っても、声に出さず、心の中だけで〝挨拶《あいさつ》しているつもり〟になっている人の、なんと多いことか！

声をかけるときは、小さい声や低い声ではなく、**気持ち大きめ&高めの声**で話すようにしましょう。

これだけで「感じのいい人だな」「素敵な人だな」と思われるだけでなく、「気くばりを口に出す」習慣が自然についてきます。

「言うべきタイミング」を逃さない

逆に、エレベーター内で、自分が降りる階のボタンを人に押してもらったら、「ありがとうございます」と声に出してお礼を言いましょう。

なかには、スマホから目を離さず、まったくお礼を言わないような人もいます。また、軽く頭を下げるだけの人もいます。それで感謝しているつもりなのでしょう。

日本人には「言わなくてもわかる」文化があるからかもしれませんが、感謝の気持ちだけは、言葉にしなければ伝わりません。

「ありがとうございます」という言葉は、口にした瞬間に、場の雰囲気を快適なものに変えます。ぜひどんどん口にしてください。

また、感謝の言葉と同じくらい大切なのが、謝罪の言葉です。

謝るべきときは、間を置かずに「申し訳ございませんでした」「すみませんでした」と口に出すことです。

挨拶や感謝、謝罪の言葉は、反射的に出るくらいにしておくこと。

なぜなら、このような**気くばりを表わす言葉は、口にするのが遅れてしまったら、効果がまるでない**からです。

挨拶すべきタイミング、感謝すべきタイミング、謝罪すべきタイミングを逃してはいけません。

考えをまとめてから口に出すのではなく、まず口に出してから考えるくらいでちょうどいいのです。

ポイント

「目に見える気くばり」を発信していく

言葉がけは「共感＋提案」のセットで

「気が利くなあ」と思わせるのは、意外と簡単

相手の「五感」に注目してみる

「共感のアンテナ」の感度が高い人は、母親的な要素が強いと書きましたね。その一例として、五感に訴えるような共感性が高いという特徴があります。

「寒くないですか？」

「（こんなケガをして）痛かったでしょう」

などという言葉を真っ先にかけてくれます。

母親はよく子どもに対して、「寒くないか」「風邪をひいていないか」「ちゃんと食べているか」と心配するでしょう。それと同じような気持ちを、周囲の他人に対しても持てるのです。

他人に対してこんな言葉がけができたら、やさしい人だと思われるでしょう。

「暑くないか」「寒くないか」

「のどが渇《かわ》いてはいないか」「お腹が減っていないか」

「うるさくないか」

「お手洗いに行かなくても大丈夫か」

「疲れてはいないか」「体調はどうか」


そんな相手の「五感」に気を遣える人は、ありがたい人だと思われるもの。

誰もが実感しているシンプルな感覚ですから、共感もしやすいはずです。

ただし、共感するだけで終わってしまっては、本当の意味で「共感のアンテナ」を働かせたとは言えません。

「寒かったですよね」だけで終わらせない

「寒かったですよね」といった言葉を発するのは、いってみれば、自分の実感の延長線上での共感を示しているに過ぎないのです。

ですから、気くばりのレベルを上げるには、その場で相手に寄り添うだけの共感や気づかいから、もう一歩踏み込む必要があります。

といっても、難しい話ではありません。ひとつ例を挙げましょう。

寒い中、取引先の人があなたの会社を訪ねてきました。外は本当に寒そうです。こんなとき、どう言えばいいでしょうか。ポイントは、「共感プラスα」です。

「外は寒かったですよね。暖房の温度を上げましょうか」

いかがですか？

「寒かったですよね」で相手の状況や気持ちを察していることを示し、共感を言葉にした後、「暖房の温度を上げる」と、自分が具体的な行動を起こすことを提案しています。

大事なことなので繰り返しますが、「共感をした後、すかさず提案する」。

この2つをセットで示して初めて、本当の気くばりと言えるのです。

ここでも気をつけたいのは〝タイミング〟です。取引先の人が座って、話を始めてからでは遅すぎます。

共感と提案の言葉は、顔を合わせた瞬間にかけるようにしてください。

共感と提案の具体的な言葉の例を、いくつか挙げておきましょう。

「暑かったでしょう。冷たい飲み物をお持ちしますね」

「お足元の悪いなか、よくお越しくださいました。……体が冷えてしまいましたね。拭《ふ》くものをお持ちしましょうか」

「今日は、立ちっぱなしでお疲れでしょう。何か甘いものでも召し上がりますか」

「（打合せが）長引いてしまいました。お手洗いをお使いになりますか？」

このように「共感と提案」のセットで気づかいを示すと、「この人は気くばりができる人だな」という印象を強く持ってもらえます。

「触れないでおく」ことで示す、本当の気くばり

ただし、「共感のアンテナ」を間違った方向に立てると、失敗することもあるので注意が必要です。

共感　＋　提案

＝

特別な気くばり

相手の状況や感情を察して、すぐに共感を示すのはいいのですが、相手が触れてほしくないこと、気にしていることに触れてしまうのはＮＧです。

たとえば、こんな状況だったらどうでしょう。

職場の後輩が、朝から上司に怒られているところを目撃したあなた。昼休み、落ち込んでいる後輩が心配になって、声をかけました。

「今日は朝から大変そうだったね。何か私にできることある？」

思いやりのある言葉がけではありますが、相手が気にしていること、嫌なことをあえて思い出させてしまい、精神的に負担をかけることにもなります。

相手が話を聞いてほしそうにしているならともかく、安易《あんい》な気持ちで共感や気づかいを示して、わざわざ嫌なことを思い出させる必要はありません。

余計な気づかいが相手のストレスになり、「もうあの人とは話したくない」と思われないようにしなければなりません。

この例のようなケースでは、話しかけたときの相手の反応をよく観察することです。

明らかに話したくなさそうだったら、話題を変えましょう。

そのうち、話したくなったら、相手のほうから話し出すかもしれません。

それまではその話題を出さない、あるいは相手を1人にしてあげることが、本当の気づかいです。

ポイント

こちらから働きかけるべきときと、そっとしておくべきときを、見極める

共感の気くばり③

相手の「立場」から、「感情」を想像する

「この人は、わかってくれている」と印象づける

最近は、「人は人、自分は自分」という人、他人と必要以上にかかわりたくないという人も増えています。でもそんな時代だからこそ、「共感のアンテナ」の感度を高めれば、周囲の評価が変わるのはもちろん、自分も楽しくなってきます。

できる部下は、上司の立場を理解しています。
できる上司は、部下の立場を理解しています。

できる部下や上司は、例外なく、相手の立場に対する想像力が高い人です。「共感のアンテナ」の感度が高いとはすなわち、他人に対する関心が高いということにつながるのです。

他人に関心を持つ。
その際に意識してほしいのは、**まず相手の「立場」をできる限り理解し、それから相手の「感情」にフォーカスしていくことです。**

どんな人も〝立場〟からくる〝事情〟を抱えている

まず、相手の「立場」をよく理解しようとすること。

最初からいきなり「あの人はどう思っているのかな？」と相手の心情を想像しようとしても、できるものではありません。

まず、相手を取り巻く状況、置かれている立場を観察する。

そのうえで、その状況、立場にあることによって、その人がどのような事情を抱えているのかを、想像してみるのです。

たとえば――

「あの課長は、自分の他にも部下を○人抱えている。それに部長からも、課の成績について、管理職会議で厳しく追及されているみたいだ」

「あの部下は、最近、昇進して今のポジションについた。張り切っているけれども、

同時に、ミスをしないか緊張しているようなところがある」

「あの人は、2カ月前に転職してウチに入ってきたばかり。まだ、仕事にも職場にも慣れない部分があるだろう」

このように、相手の〝背景〟の部分に目を向けるのです。

職場にいる誰もがそれぞれの背景、言葉にしづらい事情を抱えています。

そんな「相手の立場」を踏まえたうえで「感情」に寄り添う。

それができると、

「○○さんは今、こう感じているかもしれない。こうしてほしいかもしれない」

と、相手の気持ちに自然に共感でき、仕事のうえでもスムーズに対処できるようになります。

先ほどの例であれば——。

上と下との板挟みになっている上司に、自分の相談事を持っていくときは、他の人がその上司に相談事を持ちかけているときは、なるべく避けるようにする。

または、何か上司に時間を割《さ》いてほしいことがあるときは、直前に頼むのではなく、前もってそれを〝予告〟するなど、上司のスケジュールに配慮する。

緊張している部下には、定期的に声をかけ、そのときどきに必要だと思われるアドバイスをする。

入社したばかりの同僚には、こちらからランチに誘う、困っている様子のときは話しかけるなどして、早く職場に打ち解けられるようにする。

「立場」↓「感情」の順で、相手への想像力を働かせる。

それだけで、こんな気くばりが、自然にできるようになるはずです。

自然に「気が利く人」になる〝魔法のひと言〟

以下に、「共感のアンテナ」の感度を上げるための〝魔法の言葉〟をいくつか挙げておきます。

もしかしたら、今までこのような言葉を口に出したことがない人もいるかもしれません。言えるものから、口にしてみましょう。

口にした瞬間、あなたの周囲が変わりだすはずです。

魔法の言葉1 「手伝いましょうか?」「私にお手伝いできることは何かあるかな」

もしも上司(または部下、同僚)が忙しそうにしていたら、「何かお手伝いしましょうか(何か手伝えることはあるか?)」などと声をかけてみましょう。

まわりで何か困ったことやトラブルが起きたとき、自然にこんな言葉が出てくるようになったら、あなたの「共感のアンテナ」は、かなり伸びています。

「あまり他人の世話をしたことがない」という人は特に、初めのうちは多少無理してでも口に出してみてください。

魔法の言葉2 「○○さんの意見を聞かせていただけますか？」
「まず、○○さんの考えをまとめてくれないかな」

私はこう思う！　と、自分の意見を強引に押しつけがちだと自覚している人は、意見を求められる機会があったら、まずこう言いましょう。

「まず、○○さんの意見を聞かせていただけますか？」（上司に対して）

「まず、○○さんの考えをまとめてくれないかな」（部下に対して）

いったん、相手の意見を聞いて、受け止める。まず、相手の意見を尊重する。

そんな姿勢はとても大切です。

結果として、自分の主張を通すことになるにしても、ただごり押ししただけのケースとは、周囲の受ける印象がまるで違います。

魔法の言葉3 「よくここまでやったね」
「次は○○ができるようにがんばろう」

部下や後輩がやったことに対して、たとえ結果が満足いくものではなかったとしても、「がんばった過程」を認めることが大切です。

叱責《しっせき》やダメ出しだけして、やる気を失わせてしまっては元も子もありません。

まずは、今回できたこと、現状できていることを認める。「君のがんばりは見ているよ」と示す言葉をかける。

その後で、次に向けての課題を設定する言葉をかけてあげてください。

成果主義に追われていると、「結果」だけがすべてだ、と考えがちになります。けれど、「結果」だけでなく「過程」も見てくれているのだ、認めてくれているのだと感じたとき、その相手はあなたに、深い信頼と忠誠心を抱くようになるのです。

ポイント

その相手の「見えていない部分の努力」にも目を向ける

共感の気くばり④

言いにくいことの前に、「勉強になりました」のひと言でワンクッション

余計な角を立てないために

「共感のアンテナ」の感度が高い人は、人あたりがソフトで、誰に対してもていねいな接し方ができ、誠実さの示し方が上手です。

「周囲からクールな人だという印象を持たれることが多い」

「ていねいに対応したつもりだったが、相手を怒らせてしまったことがある」

というタイプの人にとっては、急にソフトな印象に変えるのは大変かもしれませんね。

そこで、誰でも取り入れやすいのが、クッション言葉です。

会話の中に、これからご紹介するクッション言葉を取り入れることで、「ていねいな人だ」「言葉遣いに思いやりのある人だ」という印象を与えやすくなります。ぜひやってみてください。

私の研修では、敬語表現のクッション言葉として、次のようなものを紹介しています。当たり前のように使っている人には、改めてお話しするまでもないことですが、使いこなせていない人が意外と多いのではないでしょうか。

ビジネスの場では、もはや決まり文句のようなものですが、そうであるとわかっていても、取り入れるのと取り入れないのとでは、与える印象がまったく変わります。

たとえば、「今週の金曜日までにお返事をいただけますでしょうか」と言われるのと、**「お忙しいところ恐縮ですが、今週の金曜日までにお返事をいただけますでしょうか」**とでは、後者のほうが明らかにていねいで誠実な印象を受けますよね。

同じ仕事をするのでも、どちらのほうが気持ちよく仕事をできるかは明らかです。

それどころか、場合によっては「予定よりも早めに返事をしてあげようかな」とさえ思われるかもしれません。

それは、**クッション言葉が、相手の立場や状況を慮《おもんぱか》ることで出てくる言葉**だからです。

つまり、**クッション言葉は「気くばり」「思いやり」の言葉**なのです。

ただし、必要以上にクッション言葉を取り入れてしまうと、慇懃《いんぎん》無礼《ぶれい》になることもありますので、注意してください。

●こんな「思いやりの言葉」が印象をやわらげる●

恐れ入りますが

→恐れ入りますが、ご連絡いただけますでしょうか

お手数ですが

→お手数ですが、ご回答いただけますか

お差し支えなければ

→お差し支えなければ、お電話番号をお教えいただけますか

ご面倒ですが

→ご面倒ですが、ご記入いただけますか

お忙しいところ恐縮ですが

→お忙しいところ恐縮ですが、お願いできますか

失礼ですが

→失礼ですが、お名前をお伺いできますか

申し訳ありませんが

→申し訳ありませんが、ご伝言願えますか

よろしければ

→よろしければ、ご一緒しませんか

ご足労をおかけして恐縮ですが

→ご足労をおかけして恐縮ですが、
それでは弊社オフィスにてお待ちしております

お急ぎのところ申し訳ありませんが

→お急ぎのところ申し訳ありませんが、
もう少々お待ちいただけますでしょうか

デリケートな場面を〝やわらげる〟ために

「お手数ですが」「お忙しいところ恐縮ですが」といった、何かをお願いするとき、相手を気遣うときのクッション言葉は、誰でも言いやすいでしょう。

次に紹介するのは、その後にネガティブな内容が続くときの、クッション言葉です。

断るとき

「あいにくですが……」
「申し訳ありませんが……」
「残念ですが……」
「せっかくですが……」
「お力になれず恐縮ですが……」
「ご期待にそえず……」

反論を述べるとき

「おっしゃることはよくわかりますが……」
「ごもっともとは存じますが……」
「お考え、なるほどとは思いますが……」
「お考え、大変勉強になりました。ですが……」

こうしたクッション言葉は、相手からの申し出を受けられないとき、相手の意にそうことができないとき、相手に反論しなければならないときなど、デリケートな場面で使われます。

「共感のアンテナ」の感度が高い人は、相手の立場を思いやることができるからこそ、得てして断ることが苦手であったり、曖昧な言い方しかできなかったりすることがあるものです。

しかし、ビジネスにおいては、できないこと、無理なことはきちんと断ることが重

要です。

そうしたデリケートな場面でこそ、ご紹介したようなクッション言葉が、効果を発揮するのです。

相手に不快な思いを極力感じさせず、きちんと断れる人は、ビジネスパーソンとしてもランクが高い人です。

「今回は、ちょっと見送りたいと思います」
「そのご意見には、ちょっと賛同できかねます」

というような言葉も、

「大変残念ですが、今回は見送らせていただきたいと思います」
「○○さんのお考え、大変勉強になりました。ですが、一方で私は、こんなふうにも考えておりまして……」

とクッション言葉を入れるだけで、印象が格段にやわらかくなります。

特に、

「勉強になりました」

「勉強させていただきました」

という言葉は、とても便利です。

相手を立て、相手の考えに敬意を払っていることを伝えられるので、それと真逆の意見をその後に伝えるとしても、あまり角が立たないでしょう。

もちろんこれらは、反論したいときだけでなく、相手の意見や考えに賛意や敬意を示したいときにも使える、万能な言葉です。

ポイント

言いにくいことほど、やわらかく伝える方法を知っておく

共感の気くばり⑤

労力・努力への「ねぎらいの気持ち」をさりげなく伝える

結局、「自分を見てくれている人」に、人は弱い人の話を聞くとき、真摯《しんし》な態度で耳を傾けることができる人は、そう多くはありません。そんな中で、次のような聞き方ができる人のまわりには、人が集まってきます。

「(あなたの)**気持ちは、よくわかるよ**」

「それは、**さぞかし大変だったでしょう**」

「(相手の言葉に対して)**おつらかったですね**」

こういった「いたわり」の言葉は、見返りを求めないコミュニケーションです。

現代社会では、**誰もが、心の深い部分では「いたわってほしい」「ねぎらってほしい」と思っている**もの。自分のやった仕事、かけた労力、粉骨砕身《ふんこつさいしん》を評価してほしい、認めてほしいと、つねに感じています。

そんな思いを汲んだ言葉をかけられれば、それは特別な気くばりとなるでしょう。

たとえば、あなたが頼んだ仕事を、同僚や部下が仕上げて持ってきたとき、ただ「ありがとう」とお礼を言うだけでは、ねぎらいの言葉がやや不足しています。次のように言ってみるといいでしょう。

「これだけのことを○日間で仕上げるのは、とても大変でしたよね。本当にありがとうございます。すごく助かりました」

「お骨折りいただいたおかげで、いいものができそうで、うれしいです」

「いつもいつも、○○さんのお力をあてにしてお願いしてしまって、本当に申し訳ないです……おかげさまで、この仕事がなんとかなりました」

「よくやってくれたね。さすが、○○さんだと思ったよ！」


こんな「大変でしたよね」「助かりました」「お骨折りいただいて」「あなたの力をあてにして（頼りにして）いる」「おかげで」「よくやってくれた」「さすが、○○さん」といったひと言が、相手には、何よりうれしく響くのです。


相手の労力を想像する。相手の苦労に共感する。

そして、それをねぎらう言葉をかける。

これを心がけるだけで、「共感のアンテナ」の感度は、みるみるアップしていきます。

「あなたの努力を見ていますよ」というメッセージ

あるいは、あなたが夜遅くまで残業していて、まだ仕事をしている同僚を1人だけオフィスに残して、先に退社しようというとき。「お疲れさま」だけでなく、相手の名前をしっかり呼んで、次のようなねぎらいのひと言を添えてみてください。

「○○さん、お疲れさま。**いつもがんばってるね**」

「○○さん、お疲れさま。**無理しないでね**」

こんな言葉と一緒に、小さなお菓子を差し入れられたら、相手はうれしいだけでなく、「ちゃんと自分を見てくれている人がいる」と、安心する思いを感じるでしょう。

ポイント

見返りを求めない「いたわり・ねぎらいのひと言」を

共感の気くばり⑥

「1個120円のたい焼き」の差し入れで、職場をなごませる

人のためにお金を使うと、驚くほどいいことがある

「共感のアンテナ」の感度をさらに高める方法。

それが、「もので気持ちを示す」ことです。

共感力の高い人、思いやりの深い人は、見返りを求めないコミュニケーションをできる人です。そして親身になって人の話を聞くことができる、聞き上手でもあります。

ただ、少々「行動力」に欠けると先に書きました。もともと人の上に立つリーダータイプではありませんから、共感はできても腰が重い人も多いはずです。

だからこそ、その持ち前の共感力に、「もので気持ちを示す」行動をプラスしたら、もう最強、怖いものなし！　です。さっそく説明しましょう。

差し入れは決して「高価なもの」でなくていい

行なうのは、ごくちょっとしたことです。

それは、「差し入れ」をすること。

たとえば、営業先から帰社するときに、ちょっとしたおやつを職場に買っていく。出張したらご当地みやげを買っていく。あるいは、営業先にこちらの名産品を持っていく――たったこれだけです。

女性の多い職場なら、甘いものを買っていけば、間違いなく喜ばれます。

私のアドバイスを受けて、ある営業職の男性は、職場の女性たちに、たい焼きを10個買って帰りました。女性たちの反応はご想像の通り、笑顔、笑顔、笑顔。

「わぁ～、美味しそう」「いいんですか～」と大喜びだったそうです。

そのとき忘れてはいけないのが、**「お疲れさま」「いつもありがとうございます」**といったねぎらいの言葉を添えることです。

このひと言とささやかな差し入れで、職場の雰囲気はパーッと明るくなります。そして、彼はその後も、仕事がしやすくなるでしょう。なんたって、たい焼きをもらって怒る人はいませんから。

ちなみにその男性が買ったのは、1個120円のたい焼きだそうです。

120円×10個＝1200円です。

たった1200円の出費で、彼が得たものがどれほど大きかったことか。

1200円なら、たとえ新入社員でも痛くない金額ですよね。

1200円でこんなに変わるのか、とその変化を経験した人は、その後もこうした気くばりを続けるはずです。

実は私も、会社を立ち上げたばかりのころ、寒い冬の日に、スタッフにたい焼きを買って帰ったことがあります。当時のたい焼きは1個80円。スタッフは5人でしたから、400円の出費です。もちろん今は、もう少し高価なものをおごります（笑）。でも、スタートは400円だったのです。

たい焼き1個、たった120円を使ったことのない人は、おそらくずっと、人のためにお金を使うことをしない人生になるでしょう。

一方、たい焼き1個で空気が変わり、まわりの自分に対する評価が変わり、人に喜んでもらえる快感を知ってしまった人は、人のために行動し、喜んでもらえることを惜しまない人生を歩むでしょう。大げさではなく、人生に影響するのです。

「手間ひまかけた」こと自体が、相手に喜ばれる

人間には「好意の返報性《へんぽうせい》」という心理があります。

これはどういうものかというと、「好意には好意で報《むく》いる」「受けた恩は返す」ということ。まずこちらから先に好意を示すことで、相手は、

「何かあったら、お返しをしよう」

「機会があったら、自分も好意を抱いていることを示そう」

という気持ちになり、仕事がスムーズに進むことがあるのです。

そして、好意を自分から先に示す手段として、もっともわかりやすいのが「もの」であり、初心者でもできるのが「差し入れ」を持っていくことなのです。

差し入れは、高価なものである必要はありません。

5000円を1回よりも、500円を10回のほうがいいのです。

今、給料が20万円なら、そのうちの1万円を毎月誰かに使うと決めましょう。必ず、1万円以上のものがあなたに返ってくるはずです。

差し入れが喜ばれるのは、自分のためにお金を使ってくれたからではありません。あなたが手間ひまかけてくれたことが喜ばれているのです。

ちなみに、大阪のおばちゃんが「飴《あめ》ちゃん」をコミュニケーションツールにしているのは、まさに「共感のアンテナ」の感度が高いからです。

「もの」はときに、貴重なコミュニケーションツールになります。会話のきっかけにもなるので、使わない手はありませんよ。

ポイント

「ねぎらいの気持ち」を、定期的に差し入れで示す

共感の気くばり⑦

「目につくところ」はいつも清潔に、整えておく

「人は見た目で判断される」からこそ

おしゃれは、自分のためにするものではありません。
相手に対する気くばりのためにするものです。

第一印象をもっとも大きく左右するのは視覚情報、つまり「見た目」です。人は、初対面の会って2秒で、相手の印象を判断しているともいわれます。

「共感のアンテナ」力が高い人は、TPOを考えた清潔感のある服装をしています。清潔感を保つことを心がけるのは、社会人として当然のマナーです。

こんな当たり前のことができていない人がいます。

私が普段お会いする役員や社長の方は、見た目も魅力的ですが、何より清潔感がある人ばかりです。身だしなみにはつねに注意を払っているのでしょう。

たまに、中年の男性で、サラリーマンとは思えないほど不潔な感じの人がいます。スーツの肩にフケが落ち、髪はギトギトと脂ぎっていて、ひげがうっすら残り、よく見ると鼻毛が出ていたり、眉毛がつながっていたり……。また、指先を見ると、爪が伸びて汚れている人さえいます。体臭・口臭を漂わせている人もいます。

「メンタルの状態」は、見た目にすべて表われる

「見た目の状態」は、そのまま「メンタルの状態」です。

たとえば、仕事が忙しくなると、身だしなみにまで手が回らず、途端にだらしなくなってくる人がいます。

しかしそれは、「私は今、余裕がありません！」と大声で言いながら歩いているようなもの。

周囲に「不安定な人だ」「心配になる人だ」「波のある人だ」と思われてしまいます。

見落としがちですが、周囲に不快な思いをさせないこと、また心配をかけないことも、気くばりであり、思いやりです。

朝起きたら、顔を洗い、寝グセを直し、できればシャワーも浴びましょう。

一歩玄関を出る前に、誰に見られても恥ずかしくないか、必ず頭から足の先まで、

鏡で身だしなみを総チェックしてから出勤しましょう。

さらに、ちょっとおしゃれにも気を遣うと完璧です。

たとえば、暗い色のスーツを着ることが多い人は、せめてネクタイの色を少し明るい色に変えてみたり、カフスやポケットチーフなどをおしゃれなものに変えてみたりしてはいかがでしょうか。気分も明るくなり、やる気も湧くでしょう。

身だしなみが変われば、行動も変わります。その身だしなみにふさわしい自分でいようとするからです。

見た目の影響は、それほど大きいのです。

「指摘されない」ことほど怖い

身だしなみに気をつけるだなんて、当たり前すぎると思われますか？

ですが、当たり前のはずのことであればあるほど、それができていなくても、まわ

りは面と向かって指摘することができなくなります。

目の前の相手に向かって「あなた、不潔ですよ」「あなた、ニオってますよ」「あなた、その格好はさすがにダサすぎますよ」とは、いくら思っていても言えないでしょう。

そして、思っている以上に、人は「目に見えるところ」でその人の「人間性」をジャッジしているのです。

周囲が指摘できない、注意できないから、本人がいつまでも気づけない、というのが怖いところなのです。

これは、身だしなみに限りません。

たとえば、職場のあなたのデスクは今、どのような状態でしょうか。

ちゃんと整理整頓され、誰が見ても見苦しくない状態になっているでしょうか。

書類が山のように積み上げられていたり、メモやファイルや文房具などが散らかっていたりしませんか。ゴミ箱からゴミがあふれてはいませんか。

「自分はちゃんと仕事をしている、成果を上げているからいいんだ。それに忙しすぎて、片づけているヒマなんてないよ」と言う人がいますが、それとこれとはまったく別です。その人のデスクはその人のものではなく、職場全員の共有物です。自分の部屋のような感覚で私物化してはいけません。

ひどい人だと、積み上げた書類が、自分のデスクに収まりきらずに、隣の人のデスクにまで侵入していることがあります。領域侵犯です。

たとえその人が仕事ができるほうでも、「嫌な人」と思われるでしょう。

でも、侵入されている側は、大の大人である同僚に向かって「ちょっと片づけてくださいよ」「邪魔なんですよ」とは言いにくいですよね。

「気くばり」というと、みなさん、相手を喜ばせるだとか、いい気持ちにさせるだとか、いわば〝攻め〟の気くばりばかりをイメージしがちです。

ですが、身だしなみに気を遣い、妙なニオイを漂わせない、デスクをいつ誰が見てもきれいな状態に保つといった〝大前提〟を見落としがちなのです。

人は結局、「見えるところ」で判断されています。

無自覚に、周囲や他人に不快な思いをさせていないか。

この「自覚がない」ということが、何より恐ろしいのです。

他人の目で、自分をチェックする習慣を持ちましょう。

ポイント

毎朝、鏡の前で「他人の目線」で自分をチェック

3章

論理力の気くばり

「冷静でフェアな人」として、信頼を集める

気くばりに必要な「論理のアンテナ」とは

いつでも冷静に物事を分析し、まわりが感情的になっていたり、慌《あわ》てたりしているときでも客観的に意見を述べることができる――こんな人がビジネスの場にいたら、頼りになるでしょう。

「論理のアンテナ」の感度が高い人は、**つねに感情に流されずに物事を判断でき、他人の感情を受け止める前に理性で考える**ことができます。

事実に基づいて対応したり、計画通りに行動したりすることが得意なので、情熱的なリーダーの下で、あとひと押し、説得力のある説明をしたいときなど、その存在はとても重宝されるでしょう。

また、独自の思考パターンを持っていて、その思考パターンに沿って理《り》路《ろ》整《せい》然《ぜん》と話をすることもできます。

ビジネスの場面では、複雑な内容について話すときも、相手にとってわかりやすく話し、相手の頭にスッとスムーズに入るようにしなければなりません。

そんな「相手に対して親切なロジック」「つねに冷静でいられるバランス感覚」も、大切な気くばり力です。

一方で、まわりの人たちがにぎやかに笑っていても、落ち着いた態度をとっているため、一見すると人情味に欠け、冷たい印象があります。しかし、実際は心が冷たいわけではありません。

言ってみれば、子どもたちの中に1人、冷静沈着な大人が混じっているような感じです。それゆえに、どんなときも公平で、感情的になることなく判断したり対応したりできる人でもあります。

組織の中には、頑固な人、わがままな人、自己主張が強い人、自分勝手な人、人の話を聞かない人、頼りない人、自分の意見を言わない人などなど、実にさまざまな人がいますよね。魑魅魍魎《ちみもうりょう》と言ったら、言いすぎでしょうか（笑）。

そんな組織の中に「論理のアンテナ」の感度が高い人が1人いると、散漫《さんまん》な雰囲気がピリリと引き締まります。

では、「論理のアンテナ」を伸ばしていく方法を説明しましょう。

この気くばりができると、こんな「あなた」に変わります！

- 「君の説明は、いつもわかりやすい」と言われるようになる
- プレゼン・説得・商談などが、1・5倍スムーズに、うまくいくようになる
- 安定感が出る、「安心して仕事を任せられる」と思われる
- 仕事のクオリティにムラがなくなる
- 感情に振り回されず、いつも落ち着いていられる、忍耐強くなる

「論理のアンテナ」の感度が高い人は、こんな人

論理の気くばり①

相手にとってメリットのある「もくじ」を立てて話す

「あの人の話はわかりやすくていい」と思われる

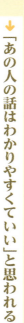

本当の意味での「論理性」とは、冷静さに加えて、物事を俯瞰《ふかん》で見る目があって初めて生まれるもの。

論理的にわかりやすく、相手の目線で話すことができれば、「論理のアンテナ」力はますます高まります。

話があちこちに飛んでしまう、結論が何なのかわからないなど、論理に欠ける人の話は、聞いていて疲れますよね。話が長いにもかかわらず、何が言いたいのかわからない。そんな説明をする人が最近、増えていると感じます。

特に日本人の話には「プラン」がなく、聞く人にとってとても不親切なことが多いのです。

「プラン」のある話し方とは？

「プラン」のある話し方というと難しく聞こえますが、実はとても簡単なことです。

まず念頭に置かなければならないのは、「何のために話すか」ということ。つまり、聞く人にとってのメリットを伝えるために話すということです。

そのためには、聞く人がどんなことに興味を持っているかを特定することが必要です。

そして、さらに具体的に、興味のある話やメリットをいくつ盛り込めば、聞く人にとって必要十分になるのかを探ります。

そのプランを立てられた瞬間に、その話はとてもいい話になることが約束された、と言っても過言ではありません。

たとえば、あなたが旅行会社に勤めていて、「冬の旅行こそ、沖縄に行きましょう」という提案をするとしましょう。

まず、話のプランを立てます。その効果的な立て方について説明します。

話のプランを立てるとは、わかりやすく言い換えれば、その話全体を1冊の本に見立て、あらかじめ本の「もくじ」を立ててから、話すようにするということ。

つまり、自分の頭の中で、本のタイトルやもくじを作ってから話す、とイメージしてみるのです。

まず最初に、**「タイトル」**をつけましょう。ここでは、沖縄に行くということが、相手にとってどれだけいいことなのかを話すという予告として、「冬こそ沖縄に行きましょう」とでもしておきましょうか。

次に、もくじをつけていきます。

もちろん、聞く人にとってメリットのあるものでなければなりません。

もくじがない状態で話すのは、とても難

●相手の「聞きたい気持ち」を引き出す●

①その話の「タイトル」は？
②その話の「もくじ」はいくつあるか？
③「もくじ」は、聞く相手にとってメリットがあるか？

しいのです。そうであるにもかかわらず、もくじもなくいきなり話を始めてしまう人の、なんと多いことか。

もくじを立てて、話の内容を予告しただけで、相手を「聞きたい！」という気持ちにさせなければなりません。

もくじの項目数も大切です。

その項目数が、聞く人にとって必要十分な数であることが大切です。

冬の沖縄の例で言えば、たとえば、

- **今、東京は寒いです。寒いとストレスを感じます。ですから寒さからちょっと逃避行して、沖縄でストレスを解消しませんか？**
- **2日間だけでもいいから、真冬にTシャツで過ごしてみたいと思いませんか？**
- **足先だけでも波とたわむれることで、開放的な気持ちになりますよ。**
- **窓を思いきり開けて、沖縄の美味しい料理を食べられます。**

いかがですか？　これでツカミはＯＫ！です。

「自分が話したい話」ではなく、「相手が聞きたい話」に

「冬こそ沖縄に行きましょう」というタイトルに対して、もくじは具体的なメリットになっています。こうして話すことを決めて、最初にメリットを伝えると、聞く人は「え？　冬でもＴシャツでいられるの？」と興味を示しますよね。

相手がこう思った瞬間に、冬に沖縄に行く話は、「私が話したいこと」ではなくて、「相手が聞きたいこと」に変わるのです。

こうなったら、その話は成功したも同然です。

ロジックの第一歩は、相手を能動的にさせてしまうことです。

メリットを聞いた相手が「それってどうなの？」「どういうことなの？」と思いながら話を聞くのと、ただ漫然と話を聞くのとでは、同じ話でも伝わり方がまったく違うことが、おわかりいただけるのではないでしょうか。

実際に話すときは、

「まず今日は『冬こそ沖縄に行こう』というテーマでお話をします」

とタイトルを提示します。次に、

「内容は3つあります。まず1つ目は……」

と、もくじの項目数を伝えてから、その話を聞くメリットを順に話していきます。

トピックの「レベル・ボリューム」には差をつけない

このとき重要なのは、いくつか並べたもくじの項目の重要度・ボリュームは、必ず同じ程度のものとして扱う、ということです。

「内容は3つあります」と話したら、その3つは同じレベルのものとして扱います。よく、「3つ目、これがもっとも重要なんです」などと言って、話をあちこちに展開してしまう人がいますが、これはNG。

また、3つあるうちのどれかひとつだけ、ものすごく話が長いというのもNG。

つまり、話の中で階層をいくつも作らないことです。

もくじで言えば、大見出しと小見出しをごちゃ混ぜにしないということ。

話の中でこういった整理ができる人が、本当の意味で論理的な話ができる人なのです。

ポイント

相手目線で「ロジック」を組み立てる

論理の気くばり②

どんなときでも、よどみなく話すための「フォーマット」を持っておく

説得力のレベルを、底上げする

「何を聞いてもスラスラ答えてくださいますね」

「なんでそんなによどみなく話をすることができるのですか」

私はよくこんなふうに聞かれます。

それは、私がおしゃべりだからでしょうか。あらかじめ、何を聞かれるか想定して、練習していたからでしょうか。いいえ、そういうわけではありません。

どんなときでもすぐに話ができるのは、思考の整理の仕方がつねに同じだからです。

そのひとつが、前項でお話しした「プランのある話し方」。

つまり、話にタイトルをつけ、もくじを紹介するように話すという「話し方のフォーマット」が頭の中にあるからです。

そのフォーマットに沿って話すので、いつも論理の展開の仕方は同じ。

もちろん話の中身は、テーマに合わせて変えていきます。論理の展開に合わせて流す情報量には自信がありますから、このフォーマットに身をゆだねることで、よどみなく話すことができるのです。突然話をふられても、0・1秒後には、まるで10年前から考えていたかのように話し始めています。

大事なのは「論理的に話すフォーマット」と「必要な情報量」の2つです。

ポイントを挙げるときは「10秒以内」に

情報量を増やすには、経験と勉強が必要です。でも、「論理的に話すフォーマット」は、誰でも今すぐ持つことができます。

「興味深い話だったけど……結局何が言いたかったんだ？」

雑談であれば「楽しかった」で終わってもいいですが、ビジネスにおいては、興味を引いただけで中身のない話は避けたいものです。

私の場合、講演会やセミナーで人前で話す経験を数限りなくこなしていますから、テーマを決め、ポイントを絞った話は、意識しなくてもできます。

しかし一般のビジネスパーソンが会議やプレゼンで発表するときは、やはり事前に思考を整理し、話す内容をある程度作り込んでおかなければなりません。

話すときのポイントとしては、以下のような決めゼリフを頭に入れておくと話しやすいでしょう。

「今日の話は3つあります」「ポイントは3つあります」

すでにご説明したように、まず最初に相手の興味・関心があるところを挙げて話します。こうすることで、聞き手はそのポイントに焦点を絞って聞く姿勢ができます。

できれば、ポイントは3つ、多くても4つくらいまでにしておくといいでしょう。それ以上に数が増えてしまうと、聞く側の負担になってしまうからです。

また、ポイントを挙げる際は、「ひとつにつき10秒以内」に言いきることを意識しましょう。ポイントをダラダラと話してしまっては、本末転倒です。

「ここまでの話をまとめますと……」「ポイントを整理しますと……」

聞き手にわかりやすいよう、要所要所で話を整理し、まとめながら話しましょう。

こうすることで、聞き手は内容の再確認ができ、話が頭に残りやすくなります。

「結論から申し上げますと……」

先に結論を提示し、後から説明する形にして話を進めます。

「まず、結論から話す」ことは、論理的な話し方の基本中の基本だと思いますが、意外とできていないことが多いものです。改めて意識しておきましょう。

まず結論を述べたうえで、その結論が導かれる根拠を示し、補足していくような話し方を心がけると、初心者でも格段に話しやすくなります。聞き手にとっても、もっとその話を聞きたくなる「スイッチ」が入りやすくなります。

ポイントは「結論」→「根拠」の流れを意識することです。

具体的な数字やデータを入れる

根拠を示す際、より論理的な印象を与えるために、数字やデータを入れ込むのもいいでしょう。日本人は一般的に、データを出してディスカッションすることがほとんどありません。ですから、数字やデータを入れるだけで、非常に説得力が出ることが多いのです。

ブレイクしたお笑いタレントのブルゾンちえみさんのネタに「35億」というものがありましたが、これも言ってみれば数字のマジックです。

「大勢いる」と言われるよりも、「35億」と言われたほうが衝撃が大きいですよね。「世界中に男性は35億人もいるのか」と、こういう説得の仕方もあるのだと、お笑いネタながら感心したものです。

ポイント

「結論→根拠」の流れにのせる

論理の気くばり③

「冷静」と「情熱」のバランスをとる

有事でも「感情的にならない人」は、輝いている

「論理のアンテナ」の感度が高い人は、いわゆる冷静な理系タイプ。

たとえば会議で議論が紛糾《ふんきゅう》し、**みんながヒートアップしているときでも、冷静に自分の意見を述べることができる、鎮静剤《ちんせいざい》のような存在**です。

もちろん、盛り上がっている宴会のときには、鎮静剤は不要かもしれません。でもビジネスの現場では、事実関係やデータなどを分析して客観的に意見を述べることができる人の存在は、貴重だと言えるでしょう。

たとえば企画会議で、こんな経験をしたことはありませんか。

誰かがアイデアを出し、「それ、いいね!」「いい企画だよね」とみんなが盛り上がっているときに、ただ1人「そうかな?」と疑問を投げかける人がいたことです。

悪くとれば、みんながノッているときに、しらけさせる人です。

でも、**みんながノッているときにあえて一石《いっせき》を投じることができる人は、繰り返しになりますが、組織にとってとても貴重な存在**です。

つまり、盛り上がっているメンバーに対して、「冷静になってもう一度考えてみましょうよ」と言ってくれているわけです。

飲み会でこれをやられたら「空気の読めない人」になりますが、**ビジネスにおいては、盛り上がったときに「盛り下げる」ことは、必要性があること**です。

もちろん、本人もその場をしらけさせようと思って言っているわけではなく、これは「論理のアンテナ」を持つ人特有の気くばりなのです。

「他人に流されず、フェアであること」の力

こうした冷静さは、強みになります。

たとえば、誰かに意見を否定されたり、非難されたりすると、プライドが高い人は攻撃的になることがあります。

しかし、「論理のアンテナ」を持っている人は、**相手が自分にとって好ましくないことを話しても、決して感情的にならずに受け止めることができる**のです。

たとえば、

「○○さんとは考え方が違うから、一緒に仕事をしてもうまくいく気がしないんだけど……」

あなたが、同僚からこんなことを言われたら、どう対応しますか？

攻撃されたと感じて、同じような言葉、場合によっては言われた以上のきつい言葉でやり返す人もいるでしょう。あるいは、言われっぱなしで落ち込んでしまう人もいるかもしれません。

ところが「論理のアンテナ」の感度が高い人は違います。

「△△さん（相手）とは、××の点で相違があるけど、それを解決するようにするよ」

「△△さんとは、相違点もあるけれど、こういう共通点もあるだろう。まず、□□から始めて、次にこれ、そしてその次はこれと、順番にやっていけばうまくいくんじゃないかな」

また思い込みが激しい人に対しても、冷静に、

「それはあなたのお考えですよね」

「ここに、このような根拠がありますから、私はこちらを支持します」

といった言い方ができるのです。

突き放すのではなく、感情に流されず、人の意見は意見として受け止める。

そのうえで、自分の意見も押しつけないフェアな姿勢——ぜひ、すべてのビジネスパーソンが身につけたい資質です。

〝守りに強い人〟の頼もしい存在感

こうした姿勢が身についていれば、不用意に感情的になることもなくなります。

なぜなら、自分にとっての真実さえわかっていれば、他人からどう言われようとも、気にすることはないと思えるからなのです。

組織やビジネスにおいては、攻めに強い人も必要ですが、攻めだけではもろいものです。優秀なディフェンスがいなければ、敵にゴールを決められてしまいます。守りの強い人材がいてこそ、組織は強くなるのです。

攻めてばかりいる人は、実は攻められることに弱く、どうしても詰めが甘いところがあります。

そんなとき、詰めの甘さをさりげなく指摘してくれ、淡々と修正してくれる存在は、とてもありがたいものなのです。

ポイント

他人の意見や感情を受け止めて、かつ流されない

「感情的なダメ出し」より「客観的な助言」をする

他人のミスへの対し方を、人は見ている

強力なリーダーシップがある上司や先輩の中には、ときに上から押さえつけるように指示を出す人がいます。

「だいたい○○君は、いつもそうでしょう。何度言ってもわからないんですね。それじゃあ、うまくいくものもうまくいきませんよ」

などと言って、相手を頭ごなしに否定してしまったら、関係がギクシャクするか、ケンカになってしまうかのどちらかでしょう。

一度そうなってしまったら、相手は二度とあなたの話に耳を貸さないでしょうし、反感を持たれておしまいです。

一方、「論理のアンテナ」の感度が高い人は、「言うことを聞け！」と押さえつけるような態度は一切とりません。

ビジネスの場では、誰かに注意をしなければならない場面も多いものですが、そんなときでも、相手を非難したり、責めたりする言い方は決してしません。

「ありがたい助言」と思わせる〝話し方の流れ〟

「論理のアンテナ」を持つ人は、こんなふうに感情的になることはありません。注意をするときは、事実に基づいて、的確にアドバイスします。

具体的には、次のような流れで話を進めていくのです。

「確かにこういうミスがあったわけだけど、そうなるまでの経緯を、一緒に確認できるかな？（ミスの事実・経緯の確認）」

↓

「落ち込んでいても仕方ないよ。失敗の原因を、一緒に考えよう。今までの経緯からすると、まずひとつ目は……（原因の分析）」

↓

「次回から、同じことが起こらないようにするにはどうすればいいいか、考えよう。

たとえば、先方がなかなか返事をくれないのが遅れにつながるということなら、こうしたらいいんじゃないかな（解決法の提案）」

このように、「①ミスの事実・経緯の確認」→「②原因の分析」→「③解決法の提案」という流れで、建設的に相手に語りかけるのです。

①ミスの事実・経緯の確認

まず、「ミスをした事実」を事実として、ありのままに共有する。

そして、その**ミスにいたるまでの経緯や背景**を、冷静に振り返る。

②原因の分析

①で確認した経緯に基づいて、**なぜそのミスが起こったのか**を、未来志向で分析する。

③解決法の提案

②でわかった原因の分析に基づいて、**どうすれば解決できるか**、二度同じことが起

こらないようにできるかを、一緒に考える。

こうした流れで語りかければ、それは相手にとって「嫌なダメ出し」ではなく「有益な助言」になるのです。

感情論に流されずに

ミスをした相手を前にして、こうしたサクサクとしたシステマチックな対応をするのは、ともすれば人情味に欠ける、という印象を持つ人もいるかもしれません。

ですが、仕事の場面においては、変に同情されたり、慰《なぐさ》められたりするより、状況を冷静に判断し、解決策や改善案を一緒に考え、冷静にアドバイスしてくれるほうが、ずっとありがたいはずです。

一方的に自分の意見を押しつけることはせず、相手の意見も取り入れながら、話を進める。

ネチネチと文句を言ったり、感情的に叱責したりせず、的確なアドバイスをする。「こうしたほうがいいのではないか」と提案をし、一緒に対策を練り、一歩一歩着実に、手堅く物事を進める。

「論理のアンテナ」の感度が高い人が、こういったことができる背景には、感情的なことで時間をムダにしたくない、それよりも仕事の効率をアップしたい、という思いがあるのです。

いい意味で、「あなたはあなた、私は私」という割りきりがあるからでしょう。

そして、それが部下や後輩にとっては、とても心地よいものになるのです。

ポイント

「無意味な感情論」ではなく「未来志向の提案」を

トラブルの処理では、両者のメンツを考える

「いつも公平な人」が心がけていること

職場には、さまざまなタイプの人が集まっていますから、当然、意見が食い違ったり、仕事の進め方や考え方が違ったりして、トラブルが起こることもあります。

そんなとき、あなたが上司やリーダーのような立場であれば、うまくその間を取り持つことも求められるでしょう。気くばり力が問われる場面です。

うやむやにしない、無意味な叱責もしない

ですがその際、両者に気を遣いすぎて、言うべきことをしっかり言わず、なあなあでごまかすということでは解決になりません。

また、どちらかを厳しく叱責しすぎたり、一方の肩を持ちすぎたりしているように見られたのでは、その後も嫌な印象を引きずることになります。

実は、冷静に物事に対処できる「論理のアンテナ」を持っている人は、そうした場面での対応が上手なのです。

たとえば、こんなケース。

課長のあなたがデスクで仕事をしているところに、経理の担当者がやってきました。

「課長、この課の◯◯さんが仮払い精算を溜め込んでいで困っているんです。社内の規定では金曜日が精算日と決まっているんですが、◯◯さんは守ってくれたことがないんです！」

経理の担当者は、少々感情的になっています。こんなとき、「論理のアンテナ」の感度が高い人ならどうすると思いますか？

あなたが課長になったつもりで考えてみてください。

A「まあ、そんな怖い顔しないで、◯◯さんには言っておくから……」

B「それはよくないな。◯◯さんはまったく何をやっているんだ！　すぐ呼んでこよう」

C「なるほど。少し時間をくれるかな。

◯◯さんに金曜日までに精算するように伝えるよ。

経理のやり方がわかるマニュアルがあったら、くれるかな」

答えは、もうおわかりですね。Cです。

AとBは、それぞれ次のような点がよくありません。

A↓対応が曖昧。ちゃんと○○さんに言ってくれるのかどうかわからないので、これでは経理の担当者は納得しません。

B↓経理の担当者はすっきりするかもしれませんが、経理担当者の前で叱責される○○さんはどうでしょうか。

ほめるときはみんなの前でも、注意をするときは、他の人がいないところでサシで話すというのは、気くばりの基本中の基本です。

両方の気持ちをまず「受け止める」こと

まず最初に、経理の担当者の気持ちを受け止めなければなりません。

もしあなたが「仮払いの精算くらい大目に見てあげればいいじゃない」というような態度だったら、問題は解決しません。

一人ひとりが、それぞれの立場で自分の仕事を全《まっと》うしているのが組織です。

「論理のアンテナ」を持っている人は、いい意味で、「人は人、自分は自分」と割り切れるタイプですから、まずは冷静に相手の気持ちを受け止めます。

相手が「受け入れやすい」ように指摘する

そして、大事なのはここから。〇〇さんを指導する際は、上から押さえつけるような言い方はせずに、指導すべき点は、しっかりと指導します。

「〇〇さん、仮払い精算のことなんだけど、いいかな？（いきなりミスを指摘しない）毎週、金曜日までに精算することになっているんだ（改善してほしい点を明らか

にする)。

だからこれからは、水曜日までに私のトレーに申請書を入れておくようにルール化することにしたよ。これ、経費のマニュアルだから目を通しておいて(相手の立場・感情を損ねない言い方)」

おそらく、他の仕事より、経費精算を後回しにしがちな○○さん。ただできていないことを指摘して責めるのではなく、経費精算も大事な仕事であるという意識を持たせるように、〝課内のルール化〟という言葉を使って、改善をうながしました。

このように、トラブルの解決に取り組む際は、双方の気持ちを冷静に受け止め、双方の立場を損ねないように配慮することが大事なのです。

ポイント

たとえ相手に非があっても、相手のメンツはつぶさない

「地味な仕事」も、進んで引き受ける。そして、継続する

↓そう簡単には消えない〝信頼の貯金〟

あなたのまわりに、目立たないけれど、地味だけれど、まわりの役に立つことを毎日コツコツ続けている人、いませんか。

実は、「論理のアンテナ」の感度が高い人ほど、みんなが嫌がる仕事や、誰も見ていない、誰からもほめられないような地味な仕事を、継続してコツコツやっているものです。

意外に思われますか？

「論理のアンテナ」を持つ人は、冷静ですが、仕事への熱意は人一倍あります。自分なりのこだわりを持って、やるべきことはやり、簡単にはあきらめないしぶとさを持ち合わせています。

また、自分のやっている仕事を必要以上にアピールしたり、周囲からの賞賛を求めたりしないので、とても「かっこいい」人であると言えます。

そんな「小さな気くばり」をコツコツ続けている人が集めた信頼は、ちょっとやそっとでは崩れるものではありません。

見ている人は、「見ている」

地味な仕事や目立たない仕事、と書きましたが、**どんな仕事でも、必ず見ている人がいます。**

そして見る人が見れば、必ずわかります。

人の嫌がることや、誰からもほめられない（と思われるが、実際には見ている人は見ている）ことをさりげなくできる人になれたら、素敵ですよね。

知り合いの美容室チェーンの副社長のYさんは、毎日忙しくて寝る時間さえままならないのに、朝は誰よりも早く店に来て、10年間、店の周辺の掃除をしています。

雨の日も風の日も、10年間毎日です。

毎朝、この店の前を通って、Yさんの様子を見ていた銀行員がいました。その方が支店長になったとき、**「最初に投資をしたいのは、Yさんの会社だ」**と言ったのです。

10年間Yさんが朝、掃除するのを見ていて、この人は信頼できると感じていたのでしょう。やはり、見ている人は見ているのです。

「面白くないことを継続してやる」と書きましたが、「論理のアンテナ」を持っている人は、「面白くない」とさえ思っていない。そこが素晴らしいのです。

つまり、やっていることにムダな感情をはさみません。

「つまらない仕事だな」

「なんで俺がこんなことやらなくちゃいけないんだよ」

「みんなは何でやらないんだろう」

などとは露《つゆ》ほども思わない。

「やる」と決めたら「やる」――それだけなのです。

地味な気くばりこそが、大きな信頼感を生む

どんな小さなことであっても、やると決めたらやる——。

自らが〝小さな犠牲〟を払うことをいとわないこんな姿勢は、周囲から、そう簡単には崩れない信頼を集めます。

たとえば、こんなことをさりげなくしてくれる人、いませんか？

- 使用後の会議室をさっと片づける
- 共用スペースのテーブルを拭《ふ》く、消えていない電気を消す
- コピー用紙、封筒や便せん、ペンの替えインクなどの備品を、なくなる少し前に気がついて、補充しておく
- 外線、内線問わず、かかってきた電話を率先してとる
- 乱雑に積み上げられたり、ぐちゃぐちゃに保管されていたりしたファイルや書類

を、カテゴリーごとにきれいに並べ替えておく

- **同僚が困らないように、部内の共有データのバックアップをとっておく**
- **新規の取引先へ行く最適なルートを、事前に調べておく**
- **飲み会で食べ終えたお皿を、さりげなく端に寄せて重ねておく**
- **飲み会帰りのみんなのためにタクシーを拾う**

こう言ってはなんですが、地味なことばかりですよね。

地味なこと、ちょっと面倒なこと、**やったからといって、自分が何かトクをするわけではないこと、いつ日の目を見るかわからないこと。**

「ほら、こんなに気くばりしていますよ」

と言わんばかりに、みんなが注目しているときだけ張りきってしまうタイプとは、真逆と言えるでしょう。

でも、こんな地味だけれど、みんなが快適に仕事をするための気くばりをしてくれていることを知ったら、誰もがその人に感謝するのではないでしょうか。

繰り返しになりますが、その〝小さな犠牲〟を、見ている人は見ているのです。

とはいえ、そういう人はときに面倒な役回りや世話役を引き受けさせられるなど、何のトクにもならないような、みんなが嫌がる仕事を全部押しつけられることもあるかもしれません。

でも、「論理のアンテナ」の感度が高い人は、それが自分の役割だからと割りきって、きちんとやりきろうとするでしょう。その姿勢は素晴らしいものです。

日々の小さなことでも、くだらないと軽く見たりしない姿勢は、仕事で難しい局面を前にしても、「逃げ出さない」「ごまかさない」という姿勢につながります。

そんな人を、見ている人は見ているのです。

手を抜かない、真面目、ていねい。

必要なことなら、人にわからなくてもきちんとやる。

こうした長所は、日ごろからも、大きな仕事を頼む際の安心感、信頼感になっていきます。

「この人に任せておけば大丈夫」「きっと間違いない」

こういった信頼感は、一朝一夕に得られるものではありません。

有言実行ならぬ、不言実行の姿勢を学んでおきたいものですね。

ポイント

日々の小さな気くばりを、積み重ねていく

4章

サービス精神の気くばり

「ゆき届いた会話」で、3倍好かれる

気くばりに必要な「サービス精神のアンテナ」とは

その人がいるだけで、まわりの雰囲気がパーッと華やかになる、明るい社交的な性格でノリがよく、話もしやすい——そんな人が組織に1人でもいると、それだけでワクワクしますよね。

このような人は、「サービス精神のアンテナ」を持っている人です。

天真爛漫《てんしんらんまん》で好奇心が強く、人当たりもよく、いつも楽しそうにしているので、周囲の人から好かれ、目上の人からはかわいがられることが多いでしょう。

そう、まるで自由奔放にのびのび振る舞う、子どものような人です。

大人ばかりの場所に、子どもが1人いるだけで、みんなが笑顔になるように、その存在は欠かせないものです。

そんな人の気くばりの根本にあるのが、「相手を喜ばせたい」という心。

つまり、サービス精神です。

相手を喜ばせ、楽しませ、うれしい気持ちにさせる「サービス精神」があることは、とても大切な気くばり力のひとつです。


期待されているリアクションを返したり、会話で〝絶妙な切り返し〟をしたり、適度なヨイショをしたり、ときにはユニークな自虐をしたりすることで、相手とより心地のよい関係が築けるのです。

また、相手の属性にかかわらず、すぐに打ち解けた会話ができれば、特別な強みになるでしょう。

ビジネスの現場では、場の雰囲気をよくする潤滑油《じゅんかつゆ》の役割や、集団の中でその場の雰囲気を高めることをできる人が重宝されます。

社会人としてバランスのよい存在になるためには、「サービス精神のアンテナ」の感度を高めたうえで、努力を継続することや、よりきちんとしたふるまいを心がければ、もう怖いものなしです。

この気くばりができると、こんな「あなた」に変わります！

- 上司からかわいがられ、同僚からも好かれる
- 雑談を盛り上げられ、場を明るくするので、すぐに人と打ち解けられる
- 営業などで、取引先に気に入られやすくなる
- 飲み会やパーティなどの、楽しい場に〝なくてはならない人〟になる
- 思っていること、アイデアなどを、相手にも響くように、上手に言葉にできる

「サービス精神のアンテナ」の感度が高い人は、こんな人

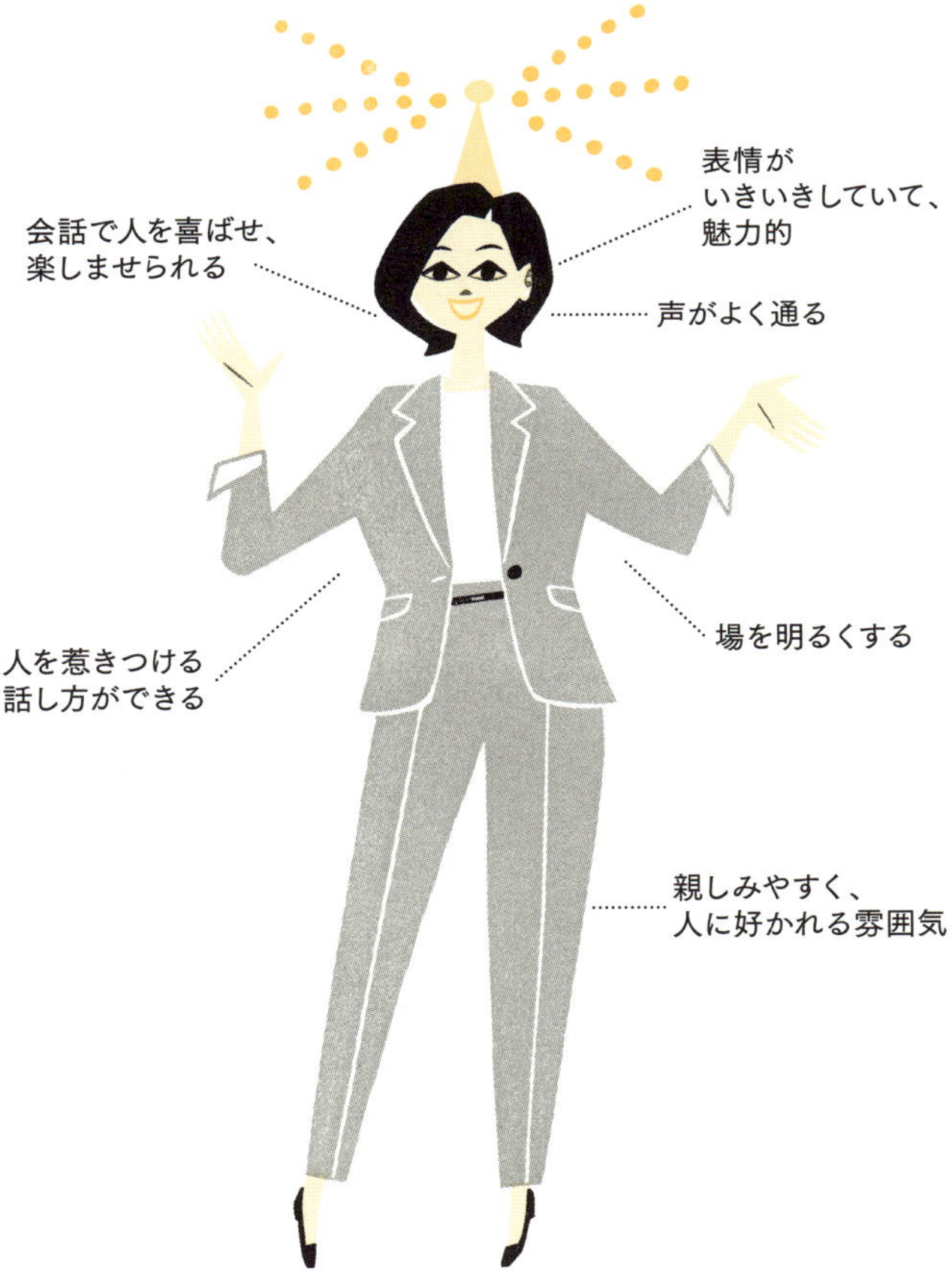

会話では、期待されている「3割増しのリアクション」を

↓「あの人がいると楽しいよね」と思われる

一生懸命話しているのに、「……そうですか」「……はぁ」などといった感じで、リアクションが薄い人がいます。そんな人が相手では、話も弾みませんし、話す気もなくなってきてしまいます。

一方で、もっと話したくなる人、話していると気持ちよくなって、どんどん話してしまうタイプの人がいます。そういう人は、たいてい聞き上手で、雑談力が高いのです。雑談力が高い人は、気くばり力も高いものです。

私はつねづね、気くばりとは一種の処世術だと思っています。

繰り返しになりますが、相手を喜ばせること、相手の役に立つことをすることが気くばりです。それに加えて、気くばりとは言ってみれば、相手を喜ばすことによって、人から「好ましい人間」だと思われることです。

だから、気くばりは処世術なのです。

「処世術」という意味では、「サービス精神のアンテナ」の感度が高い人ほど、この言葉がぴったりとハマる人もいないのではないでしょうか。

人を楽しませ、なごませ、人からかわいがられる力をもっとも持っているからです。

この力を持っている人ほど、世の中で生きていきやすいはずです。

「自分の話が、楽しまれている！」という快感をプレゼントする

実は、こうした「かわいがられる力」は、誰でも簡単に身につけることができます。

そのために、まずやっていただきたいのが、オーバーリアクション。

普段リアクションが薄いという自覚がある人は、**普段の2倍を目標に、そこまでは……という人でも3割増し程度のリアクションを意識してください。**

ここでは簡単にできるものを紹介しましょう。

感嘆語を増やす

「わあ！」「すごい！」「えー？」といった感嘆語《かんたんご》に、表情をつけて反応します。

間を置かず、〝すぐ〟反応するのがポイントです。これだけで、いきいきとした印

象、明るくわかりやすい印象を与えることができます。

電話では「声に表情をのせる」イメージで、対面しているときよりも、さらにオーバーに表現してください。

万能な「リアクションのフレーズ」を持つ

逆説的なのですが、面白い話を聞くと面白くなるのではなく、面白い話だと思って聞くから面白くなるのです。

「お〜、それはさすが○○さんですね」
「う〜ん、それはすごいですね！」
「へぇ〜、そうだったんですか」

面白いと思うと、自然とこのようなリアクションが出てくるものです。

ワンパターンではなく、いくつかバリエーションを持っておきましょう。

聞くほうのリアクションが大きいと、話すほうも気持ちよくなります。話すほうとしては「盛り上げ役」がいてくれると、楽しく話せるものなのです。

特に、どんな相手にも状況にも使える、シンプルな盛り上げフレーズが、

「え〜、本当ですか！」

です。意外ですか？

相手が言ったことに対する驚きのフレーズとしても、また、その話をもっと聞きたいとアピールし、続きをうながすフレーズとしても使えます。

言い方や声のトーン、表情などを変えれば、自由自在。

オーバーリアクションが苦手な人でも、使いやすいフレーズですよね。

そして不思議と、「自分の話を聞いてくれている」と思わせるフレーズなのです。

そう、**「この人は、自分の話を喜んで聞いてくれている！」**という感覚は、何よりうれしい快感。そんな快感を相手にプレゼントしてあげるのだというつもりで、オーバーリアクションを意識しましょう。

相手の言ったことの繰り返し＋ポジティブコメント

もうひとつ、確実に話が盛り上がる合いの手を、ご紹介しておきましょう。

それは、相手の言ったことを、そのまま繰り返すこと。

「昨日、結婚記念日で、妻と食事に行ったんだけどさあ」

「まあ、結婚記念日だったんですか！（そのまま繰り返す）奥様とお食事なんて、素敵ですね（ポジティブなコメント）」

こんな感じで、**相手の言ったことを繰り返した後に、すかさず「ポジティブなコメント」か、「相手の感情や状況に深く共感するコメント」を付け加える**のです。

まず、相手の発言を繰り返すことで、「自分の話に関心を持ってくれているのだな」と感じさせます。そこにさらに、ポジティブなコメント、共感のコメントを加えることで、「この人は、自分の話をよく理解してくれている」と感じさせられるのです。

ポイント

「えー、本当ですか！」を使いこなす

サービス精神の気くばり②

表情と声にひと工夫して、〝かわいがられ度〟アップ

「なぜか魅力的な人」のふるまい

「明るい」――ただそれだけで、相手に対する気くばり力はかなり大きいといってよいのではないでしょうか。「サービス精神のアンテナ」の感度が高い人は、その場を明るくすることに責任を感じているかのように、盛り上げてくれます。

明るいかどうかは、もともとの性格に左右されるから自分には無理……と思っている人もいるかもしれません。そんな人に朗報です。

実は、明るさは、テクニックで誰でもすぐに作ることができます。

「表情」と「声のトーン」を明るくすればいいのです。

"言葉"に頼らないコミュニケーション

私はこれまで多くの「超一流」の方たちにお会いしてきましたが、やはりそういう方々は、第一印象が違います。偉そうなところがなく、人柄がいいのです。そしてパッと見ただけで、「この人はすごい」とわかるオーラを放っています。

人の第一印象の決め手になるのは、「見た目」です。

見た目といっても、美男美女である必要はありません。

人は視覚から多くの情報を得ています。具体的には、その人の見た目、表情、しぐさ、視線などからです。


諸外国の人たちと比べると、日本人は「無表情」の人が多いですね。電車の中や街を歩いている人を見てください。不機嫌そうな顔、気難しそうな顔、ブスッとした顔で歩いている人（特に男性）が多いと思いませんか？　１００人中１００人がそうだと言ってもいいくらいです。


これは、日本人が「言語」に頼る傾向があるからです。つまり、言葉で話せばわかるんだからと、表情のような非言語コミュニケーションを軽視しているのですね。

それに対して、たとえばアメリカ人は、知らない人にもニコッと笑いかけますよね。

これは表情によって自分の立場が優位になること、表情で相手を魅了できることを知っているからです。

無意識に過ごしているとき、どんな人でもその表情は魅力的ではありません。

でも、一歩外に出たら、表情からマイナス要素をなくすように心がけることで、印象がグッと変わります。欧米諸国の多くは、子どもが幼いころから、親がこのようなことを教えているのです。

表情を〝劇的に変える〟3つのポイント

コミュニケーションは、言葉を発する前にお互いの表情を読み取ることから始まります。日本人は、表情で非常に損をしているのです！

ならば、今日から表情を変えましょう。表情を大きく変えるポイントは3つあります。

それが「目」「眉」「口角」です。

この3つを、一度に変える方法は簡単。

そう、笑顔です。

ビジネスの現場においても、第一印象は「笑顔」の人が圧倒的に有利なのです。


「目」＝目尻を下げる。三日月の形をした目になるようにする。

「眉」＝話しながら眉を上下に動かす。

「口角」＝口角を上げる。笑顔を見せるときは、上の前歯が6～8本見えるように意識する。


鏡の前で、無表情のときの顔と比べてください。

違いはまさに一目瞭然です。

●相手を「安心させる顔」――3つのポイント●

・目は三日月の形
・眉は上下に動く
・口角を上げる

・目がきつい
・眉間にシワ
・口角が下がっている

地声よりも、少し〝高めの声〟で

次に大切なのが「声のトーン」です。

ポイントは、普段出している自分の声より、**「気持ち高め」**にすること。

高めの声は、社交的、明るい、やる気がある、感じがいい、という印象を与えることがわかっています。

「地声」だと思っている声の、1トーン上の声ぐらいで、ちょうどいいのです。

実際にはどれくらいの音程が印象がいいかというと、指標があります。

●「親しみやすい声の高さ」と「信頼される声の高さ」●

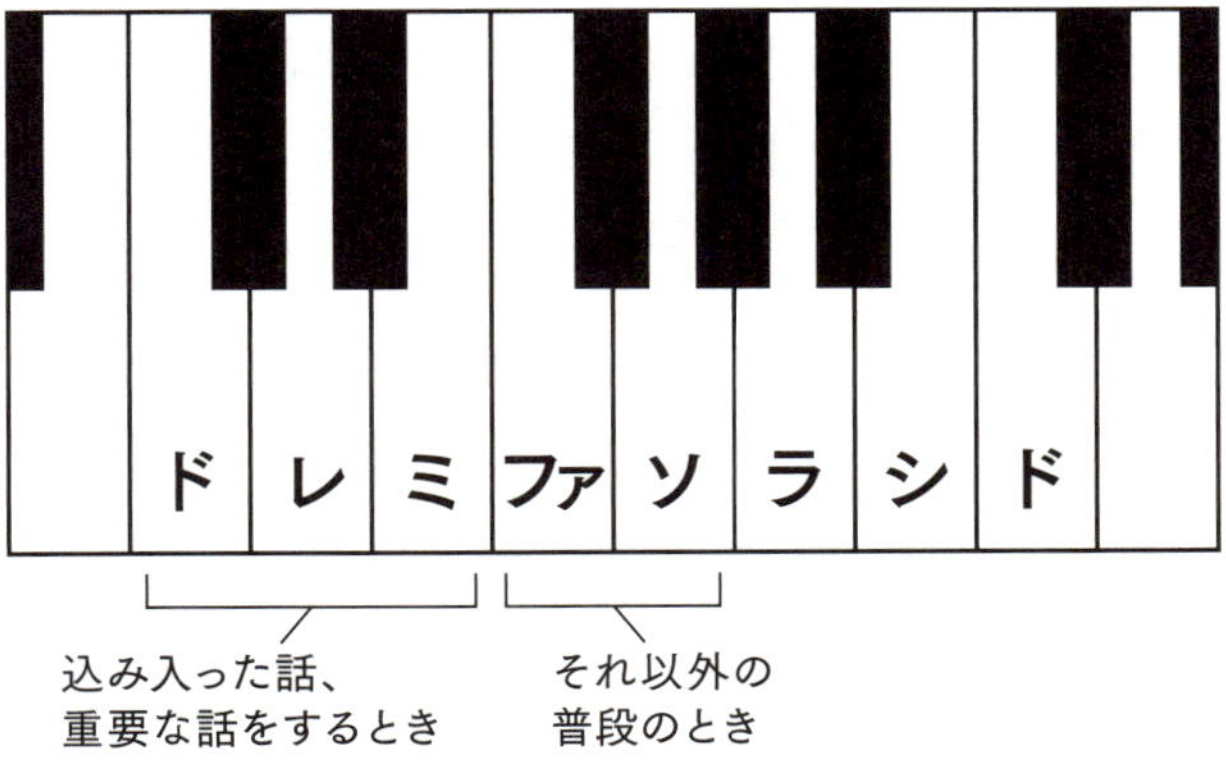

「ドレミファソラシド」を口ずさんでみてください。

ちょうどいい声の高さは、「ファ」か「ソ」の音です。

音程が正確でなくても、自分なりの音階の「ファ」か「ソ」でＯＫです。

こうして口ずさむと、自分が普段、いかに低めの声で話しているか実感できるはずです。

「ドからミ」くらいの低めの声は、聡明《そうめい》さや信頼感を与えるメリットもあるので、込み入ったビジネスの話をするときはいいでしょう。

しかし、普段からそうした低い声で話していると、威圧感や、とっつきにくい印象を与えてしまうことがあります。

ですから、そうした重々しいシチュエーション以外の普段の場面では、高めの声が圧倒的に好印象なのです。

男性の場合、「ファ」か「ソ」では高すぎるのではないか、と思われるかもしれませんが、親しみやすい、話しやすい印象を与えるには、これくらいがちょうどいいのです。
もともと声が低めの人は、話すスピードを上げてみるのも、ひとつの手です。
テンポよく、リズミカルに話すことで、低い声の威圧感が消えていきます。
もちろん家に帰ったら、思いきり地声で「あ～疲れた！」と言ってもいいでしょう。
気のおけない友達の前では、どんなに低い声で話しても大丈夫です。
しかし一歩外に出たら、自分の声、そして表情に責任を持つことが大事です。

ポイント
第一印象の8割は、表情と声で決まる

サービス精神の気くばり③

うなずき、あいづち、会話のペースを合わせて「ウマが合う」印象に

相性のよさは、演出できる

コミュニケーションが苦手だという人に理由を聞くと、「話すのが苦手だから」「(特に初対面の人の場合)話題に困る、何を話していいのかわからないから」という返事が返ってきます。

でも、大丈夫。なぜなら、一生懸命話す必要はないからです。

「サービス精神のアンテナ」の感度が高い人は、おしゃべりな人が多いのではないかと思われがちですが、実はそうではありません。

自分から積極的に話さなくても、自然と「相手に話してもらうこと」ができる人なのです。具体的に言うと、どういうことなのでしょうか。

相手が「もっと話したくなる」聞き方

実は、話すことに自信がない人でもすぐにできる、「相手に話してもらう」方法はいくつかあるのです。その第一は「うなずき」です。

「サービス精神のアンテナ」を持っている人は、オーバーリアクションがうまいため、意識しなくても上手にうなずいているものです。

セミナーなどでは、「普段からうなずいているつもりなのですが……」とおっしゃる人が多いのですが、そういう人でも、ほぼうなずいていないと言っても過言ではありません。

実際に、自分が人の話を聞いているところを映像で撮ってみていただきたいほどです。うなずいているつもりでも、うなずき方が小さすぎて、見ている側からはわからないことがほとんどです。

うなずき方が小さいと、話しているほうは、「この人、ちゃんと話を聞いているのかな」と不安になります。逆に、しっかりうなずいて聞いてくれていることがわかると、気持ちよく話すことができ、どんどん雄弁《ゆうべん》になっていきます。

ちょっと大げさかな、と思うくらいのうなずき方でちょうどいいくらいです。

実際、私も意識してうなずいているときは、30分くらいで首が痛くなってしまいますが、それくらい大げさにうなずきましょう。

〝うなずき〟ひとつで、商談の結果が左右される

私がまだ社会人になって間もないころ、先輩の商談に同席させていただいたことがありました。ところが帰途《きと》、その先輩に、

「君はもう来なくていい。うまくいく商談もうまくいかなくなる」

と言われてしまったのです。

私は新人でしたから、同席しているだけで余計なことは言わず、失礼なこともしていません。私は意味がわからず、先輩に理由を聞きました。すると、

「君はまったくうなずいていなかった」

と言うのです。うなずいていないということは、先方の話をまったく聞いていないに等しい、先方に対して失礼だ、場の雰囲気が悪くなる、ということだったのです。

これほどまでにうなずくこと、つまり「人の話を聞く姿勢」が大切だったのかと痛感した私は、それ以来、話の聞き方には細心の注意を払うようになりました。

「話している内容」よりも、印象を左右すること

私たちは日ごろ、いろいろな人と話をします。特に初対面の人と話すときは緊張するものですが、少し話しただけで、話が合うか合わないかを敏感に感じ取ることも多いでしょう。

では、話が合う、合わないは、相性なのでしょうか。それとも、共通の話題があるかどうかでしょうか。

実は、話が合う、合わないは、相性や話す内容よりも「会話のリズムやテンポが合うかどうか」で決まるのです。

逆に言えば、話すテンポを合わせれば、話が合うと思わせることができるのです。

話すテンポを合わせることは、すなわち相手のペースにのってしまうこと、これに尽きます。

話し方のリズムやテンポは人それぞれ。ゆっくり話す人もいれば、早口の人もいます。

ゆっくりしたリズムで話す人に対しては、相手の言葉をじっくり待ちます。

あいづちも、「そうなのですねー……」「うーーん」というように、やや伸ばす感じにします。テンポはゆっくり、リズムのとり方は大きく、を意識します。

話を返すときも、やさしく、やわらかく。まるで年配の方や、小さな子どもと話すようなやさしさとやわらかさを心がけてください。

一方、話すテンポが早い人が相手のときは、あいづちを多く入れては相手の話のリズムをくずさないように注意します。

間髪入れずに「なるほど」「そうですね」「はい、よくわかります」などと、軽快に、

短く、が基本です。

うなずく回数も、相手のリズムに合わせて多めでＯＫです。

よく、相性のいい人や一緒にいてしっくりくる人について、「息が合う」という言葉を使います。これはどういうことかというと、文字通り、「呼吸」が合っているということです。

うなずきやあいづちのリズムが合い、会話のリズムが合うのは、お互いの「呼吸」が合っているから。だから、話の内容を合わせるよりも、リズムやテンポを合わせるほうが、ずっと重要なのです。

ポイント

「何をどう話すか」に加えて「話し方」が大事

●相手の話の「呼吸」に合わせる●

ゆっくり話す相手

スピーディーに話す相手

サービス精神の気くばり④

相手の気持ちを上げたいときは、話を「ちょっと盛る」

〝ユーモアのさじ加減〟を知っておく

サービス精神が旺盛であることは、気くばり力の基本の「き」と言ってもいいものです。でも、行きすぎると、周囲から冷ややかな目で見られることもあります。

「あいつは太鼓持《たいこも》ちだ」「気に入られたいからと、ヨイショばかりしている」そんなふうにとられることもあるかもしれません。

ですが私に言わせれば、気くばり力という意味では、たとえ太鼓持ちだろうとヨイショだろうと、しないよりはしたほうがいいのです。されたほうは嫌な気がしないもの、わかっていてものせられてしまうものだからです。

しかし、「簡単にヨイショができれば苦労しないよ」という声が聞こえてきそうですね。そこで、誰でも簡単にサービス精神を発揮できる会話術をご紹介しましょう。

話を〝ちょっと大げさ〟にする、すごい効果

それが「話のチョイ盛り」です。

要するに、ちょっと大げさに話すのです。

どうということのない話でも、お笑い芸人が面白おかしく話すと、とんでもなく面白い話になりますよね。そんなとき、芸人さんは**「おまえ、話盛ってるな～」**などと言いますが、あなたもそれをやればいいのです。

外国の人からはよく、日本人の話はつまらないと言われます。それは事実をありのままに、淡々と話すからでしょう。

もちろん、真剣にビジネスの話をするときは別ですが、もしも自分の話を聞いてほしいと思うなら、少しでも相手が興味を持てるような話し方をするのが、気くばりというものです。

「チョイ盛り」のメリットは、言うまでもなく、話を面白くできることです。**たいして面白くない話でも面白く聞こえさせてしまうのが、「チョイ盛り」のマジック**なのです。

芸人さんほどの話術はなくても、少し意識するだけで違ってきます。

たとえば先日、自宅にお客様がいらしたときに、私が気に入っているお寿司屋さんの握りをお出ししました。

本当に美味しいお寿司だということを相手に伝えたい場合、

A：「ここのお寿司は美味しいんですよ。ぜひ食べてみてください」

B：「このお寿司、東洋一美味しいんですよ。本当ですから！　食べてみてください」

どちらが食べたくなりますか？

東洋一が本当かどうかはさておき、Bパターンで言われたほうが、「えっ、本当なの？　早く食べたいな」と思うのではないでしょうか。

私は普段から、盛って話すクセがついてしまっているようです。

ふざけているように聞こえるかもしれませんが、その根底には「相手を喜ばせたい」「うれしそうな顔が見たい」という思いがあるのです。

このとき、言われたほうもサービス精神のある人であれば、食べた後に、

「本当ですね。私も東洋じゅうのお寿司を食べつくしましたが、ここのお寿司がダントツで一番ですねー」

などと言って、チョイ盛りをさらに盛り上げてくれます。そういう人とは、その後も話が盛り上がりますよね。

慣れないうちは「自虐ネタ」がおすすめ

こうした話の〝チョイ盛り〟は、加減が大事。大げさすぎず、ふざけすぎている感じにもせず、相手に楽しい、気持ちがいいと思わせる程度にすることです。

目的は、**事実をより魅力的に見せること**。

つい淡々と話をしてしまうという人は、ほんの少しだけでいいので、事実を脚色《きゃくしょく》してみてください。

ポイントは、**「少しだけ脚色」**です。嘘をついてはいけません。

むやみやたらと盛ったり、盛る頻度が高いと、信頼を失いますのでほどほどに。

たとえば、雪の翌朝に転んでしまった話をするとします。

「先日、雪が降った翌朝に歩いていたら、滑《すべ》って転んでしまったんですよ」

と話せば、事実をそのまま伝えているだけですが、

「先日、雪が降った翌朝に歩いていたら、足が滑って、思いっきり尻モチをついちゃったんですよ。そうしたら、カバンが手から離れて、カーリングみたいにツーッと遠くに行ってしまって……。焦りましたよ！」

こうした自虐《じぎやく》ネタなら、多少大げさに盛ってもOKです。自分のちょっとした失敗をチャーミングに話せる人は、とても魅力的です。

ポイント

最近あった出来事を〝チョイ盛り〟して話す練習をする

サービス精神の気くばり⑤

使える「たとえ話」の引き出しを持っておく

↓ 〝スパイス〟のきいた伝え方

先にお話ししたチョイ盛りの変化球として、ちょっとオーバーなたとえ話をするのもいいでしょう。具体例をいくつか、ビフォー・アフターで見てみましょう。

例「この商品は、弊社のロングセラーで、超人気商品なんです」

↓

「この商品は、弊社のラインナップの中でも定番中の定番。誰にも愛される、料理で言うとカレーやハンバーグのような存在なんですよ。弊社の店舗にいらしたお客様の、8割がお買い求めになりますね」

例「この新素材、ふわふわで気持ちいいですね～」

↓

「うわー、この新素材、ふわふわで最高ですね！まるで、できたてのマシュマロのような肌触りですね！こんなに気持ちのいいものは、触ったことがない！」

例「○○さんは今日の飲み会、いらっしゃらないんですね、残念です～」

↓

「え、○○さん、今日の飲み会、いらっしゃらないんですか！
○○さんが来ない飲み会なんて、ビーチのないハワイみたいなもの（ミッキーのいないディズニーランド、サンタのいないクリスマスなどでもよい）ですよ！
それは残念だなあ～」

例「○○くん、お客様には連絡をマメにしなければいけないよ。そんな今みたいな調子では、君の顔も、仕事を発注することも、先方に忘れられてしまうよ」

↓

「○○くん、ちょっとイメージしづらいかもだけれど、たとえばお客様のことを、わりと真剣に付き合っている、交際3カ月目の恋人みたいな存在だと思って接するといいよ。そういう恋人には、定期的にこまめに連絡したり、バイバイした後すぐにお礼のメールをしたりするでしょう。あくまで接し方として、そういう感じのマメさでっ

てことで考えてみるといいと思うよ」

こんなふうに、たとえ話を盛り込むだけで、その会話がグンといきいきとしたものになります。たとえを用いることで、具体性が増し、説得力も増すわけです。

また、最後の例のように、後輩や部下に助言をするときにたとえ話を使うと、**たとえ話の内容のほうに、話のウエイトも聞く側の関心もいくので、「こうしなさい、ああしなさい」と厳しく命令している印象になるのを避けられます。**

たとえの〝ネタ元〟としては、「誰もがよく知っているもの」「イメージしやすい身近なもの」「今話題になっている旬なもの」がおすすめです。いろいろなシチュエーションで使える、〝鉄板のたとえ〟をいくつか持っておくといいでしょう。

ポイント

「たとえ話」を使えば、助言も押しつけがましくならない

サービス精神の気くばり⑥

ワンセンテンスは短く、テンポよく、映像が浮かぶように

↓「つい聞き入ってしまう」話ができる

同じ話をしているのに、なんだか淡々とした調子で、聞いていて退屈してしまう人と、なぜかいきいきと、映像として頭の中に浮かぶように聞こえる人がいます。この違いは、どこからくるのでしょうか？

わかりやすく、人を惹きつける話し方ができる人は、人を楽しませたいというサービス精神が旺盛な人でもあります。相手が楽しめるように伝えることも、忘れてはいけない気くばり力なのです。

その具体的なテクニックのひとつが「オノマトペ」です。

オノマトペって、なんだか知っていますか？

オノマトペとは、フランス語で、音や状況を表わす擬声語《ぎせいご》です。

「キンキンに冷えたビールがあります」
「ボールがものすごい速さでビューンと飛んできた」
「赤ちゃんの肌は、ふわふわ、すべすべしています」

この「キンキン」「ビューン」「ふわふわ」「すべすべ」がオノマトペです。

〝映像が浮かぶ〟話に、人は惹きつけられる

174ページで、感嘆語を増やすことを提案をしましたが、オノマトペも同様で、話の中で上手に使うと、話がいきいきとして、聞き手の耳を惹きつけることができます。

先ほどの例も、

「冷えたビールがあります」

「ボールがものすごい速さで飛んできた」

「赤ちゃんの肌はやわらかくてきれいです」

と言い換えたらどうでしょう？　なんだか耳に残らず、つまらなくなってしまいますよね。

オノマトペを使うことで、言葉が勢いを持ち、より伝わりやすくなります。

話がうまい人は、このオノマトペを上手に使っています。アップル社の設立者の

故・スティーブ・ジョブズは、そのプレゼンテーション力の素晴らしさで世界的に有名でしたが、ジョブズはプレゼンテーションの中で、英語では数が少ないオノマトペを、効果的に使っていたのです。

幸い、日本語にはオノマトペが豊富です。これを使わない手はありません。「サービス精神のアンテナ」力が高い人にはムードメーカーが多いのですが、その大きな理由のひとつが、このオノマトペを上手に使っていることです。

「**パーッと行こう！**」「**チャチャッと終わらせよう**」など、みんなを奮起《ふんき》させたり、明るい気持ちにさせたりする言葉を自然に口にしています。

話すときに感情表現を入れることが苦手な人は、意識してオノマトペを使ってみましょう。

実際に、ビジネスシーンでも使えそうなオノマトペを紹介しましょう。

今までの私の本でも、「パ行」を使ったオノマトペを紹介しましたが、パ行は勢いがある明るい音なので、感情を効果的に表わすのに特に適しています。

「パ」：パーッと、パパッ、ぱったり、など
「ピ」：ピンピン、ピーッと、ピンと、ピリピリ、ピッタリ、など
「プ」：プカプカ、プリプリ、プルプル、ぷつりと、プラプラ、など
「ペ」：ペタッと、ペラペラ、ペロリと、ぺちゃんこ、など
「ポ」：ポロっと、ポカンと、ポカポカ、ぽっこり、ポチャンと、など

例文を挙げてみましょうか。

「承知しました。**パパッ**と仕上げてしまいましょう」

「**ピリピリ**した緊張感のあるプレゼンでしたね」

「その企画、今回のプロジェクトに**ピッタリ**ですね！」

「○○さんのご提案を伺っていて、**ピン**ときたことがあるのですが、申し上げてもよろしいでしょうか？」

「いただいたおみやげ、あまりにも美味しすぎて、少しずつ食べるつもりが、**ペロリ**

と一気に食べてしまいました」

「みんな、あまりの独創的なアイデアに驚いたのか、**ポカン**としてましたよ」

こんなふうにオノマトペを使うことで、話にダイナミックな印象を加えられるのです。

記憶に残る話し方、残らない話し方

さらに、**話をわかりやすくするためには、一文を短く、テンポよく話す**こともポイントです。

ちゃんとわかってもらうためにはしっかり長く話すこと、と思ったら大間違い。話がうまく、人を惹きつける話し方ができる人ほど、話が短いのです。しかも、そのほうが知的に見えるというおまけつきですから、そうしない手はありません。

そのポイントを、以下にご紹介しましょう。

たとえば、

「そうそう、昨日のことだったんですけれどね、弊社の主要な取引先の社長と打合せをしていて、そこで社長がおっしゃられたのが、受注システムを見直したいということだったんですけれども。ただ、私としては、社長がおっしゃっている『見直す』ということは、そう簡単にはいかない問題があるよなあと感じたんですけれど、それはなぜかというと……」

こんな話し方では、あまり聞きたいという気持ちにはさせられませんよね。
同じ内容を、これまでに述べたポイントを踏まえて直してみると——、

「昨日、打合せの席で興味深いことがあったんですよ。（＝どんな話をするか提示）
先方の社長が、受注システムを見直したいとおっしゃったんです。（＝一文を短く）
私、それを聞いた瞬間に、ピーンと来たんです。（＝オノマトペを入れる）

考えていることをお話ししてもいいですか？（＝テンポよく）大きな問題が2つあると思うんです。ひとつ目は……（＝ポイントをわかりやすく）」

といった具合です。

いきなり仕事場で試すのはハードルが高いという人は、プライベートの飲み会や同僚とのランチで練習しておくといいでしょう。

ポイント

その話に、オノマトペとテンポで「躍動感」を！

サービス精神の気くばり⑦

親父ギャグにも、いっさいの躊躇なくウケてみせる

↓離れた世代ともうまく付き合えると、強い

組織というものは、あらゆる年代、さまざまな環境で育ってきた、まったく違った性格を持つ人たちが集まり、目的を持って働いているところでもあります。

年長者で「最近の若い者は……」などと言う人はさすがに減ってきているかもしれませんが、世代が違えば多かれ少なかれ、お互いにジェネレーションギャップを感じてしまうものです。

「○○課長はとっつきにくいし、言うことがいつも古いんだよな」

「いつも、昔話か自慢話しかしないから、疲れるんだよね」

本音ではこんなふうに思ってしまうこともあるかもしれません。

でも、それは非常にもったいないことです。

「サービス精神のアンテナ」を持っている人は、どんな人とでも物怖《ものお》じせずにコミュニケーションをとることができます。形式ばった場ではおとなしくなってしまうこともありますが、自由にふるまえる場で雑談の相手をさせたら、そのリアクションのよさといい話の面白さといい、右に出る者はいないでしょう。

どうも目上の人と話すと身構えてしまう、あるいは、世代が違いすぎてしらけてしまう、という冷ややかなタイプの人も、ぜひ「サービス精神のアンテナ」の感度が高い人がやっていることから学んでみてください。

〝かわいげ〟を武器に話しかけてみる

目上の人と接するとき、つい身構えてしまう人は、「思っていることを正直に言ってしまうと、場がしらけるのではないか」「もしかしたら嫌われたり面倒がられたりしてしまうのではないか」という心配を、無意識にしています。

ここは練習。「こんなことを言ったら相手にどう思われるか」という不安は一度置いて、思ったことをフランクに口に出してみましょう。

ジェネレーションギャップがあることなど気にせず、まずはあなたから年長者に話しかけてみてください。

キーワードは「かわいげ」です。

話しかけることは何でもけっこう。まずは、仕事に直接関係のないことのほうが試しやすいでしょう。

たとえばグルメで知られている上司になら、

「○○課長はいつもどんなところでランチを食べていらっしゃるんですか？
いやぁ～僕なんか最近はコンビニ飯ばっかりで。ぜひ、教えてください！……あ、でも1000円以内のところ限定でお願いします（笑）」
「○○課長は宮城県出身だそうですね。今度出張で仙台に行くのですが、どこか美味しい食事ができる店をご存じないですか？」

といった具合です。もちろん、言いたいことをなんでも言っていいわけではありませんから、ある程度まわりの空気は読んでくださいね。

話しかけるチャンスは、相手に余裕があるときです。忙しいときに関係のないことで話しかけてしまったら、迷惑以外の何物でもなくなります。ここはタイミングが大切。

ただ、年長者であればあるほど、またある程度地位が高い人であればあるほど、懐が深いものです。そして、フランクに話しかけてくる目下の人間を、「図々しい奴」などと思わず、「かわいい奴」と思うものなのです。

懐には、飛び込んでしまった者勝ちです。

「同世代と群れない」ことで、度量が広がる

会社の飲み会があったら、ぜひ同期や同世代だけで固まって座ったりしないで、年長者の近くに座ってみてください。

同じ職場なら、職場の昔話を教えてもらうこともできますし、知らなかった話も聞

けて、意外と面白いものです。

もしそこで上司に親父ギャグを連発されたら、嘘でもいいので、いっさいの躊躇《ちゅうちょ》を見せずにウケてみせてください。

「つまらないこと言ってるな……」などと冷めた目で見てはいけません。**そこでどれだけウケることができるかに、あなたの人間力、人間としての度量が問われている**のです。これは大げさではありませんよ。

親父ギャグ、かわいいじゃありませんか。その人がどんなにくだらないことを言ったとしても、人生においても、仕事においても経験豊富な尊敬すべき先輩です。

同世代とばかり話して、同世代とばかり群れていては、今の自分にないものの見方を知ることも、気づきを得ることもできません。

自分より年長の人、地位の高い人、あるいは自分より年下の人ともかかわることで、さまざまな世代からの視点が備わり、社会がより深く見え、度量が大きくなるのです。

「自分と似た人」とばかり、つるまないこと。

「自分と離れた立場・年齢の人」にこそ、積極的にかかわっていくことです。

人間ですから苦手な人もいるでしょう。

でも、私もいつも会社の営業にこう言っています。

「苦手な相手ほど声をかけよう」「嫌な相手ほど顔を合わせよう」と。苦手な人は避ければ避けるほど、苦手になっていきます。

苦手な人とフランクに話すことがどうしてもできないなら、笑顔で挨拶するだけでも十分です。そうやって少しずつ相手との距離を縮めてください。どんな人とも付き合える柔軟な思考を持っている人は、必ず周囲からかわいがられます。

そういう人こそ、自分の強みを活かし、いずれは組織の重要なポジションにつく人間になれる可能性が高いのではないでしょうか。

ポイント

年の離れている相手にこそ、積極的に声をかける

5章

尊重の気くばり

さりげない配慮が、心をわしづかみする

気くばりに必要な「尊重のアンテナ」とは

人当たりがよく、いつでも穏やかに人と接し、控えめな印象。人と決して争うことのない、いわゆる「万人ウケ」するタイプ。

「尊重のアンテナ」を持っている人を表わすとすると、このような感じになるでしょう。

このアンテナの感度が高い人は、協調性が高く、つねに相手の意見や考えを尊重します。それも、無理に人に合わせているわけではなく、ごく自然に人に合わせることができる、適応力に優れているのです。

目立つタイプではありませんが、穏やかで忠実な人柄で、行動も慎重なため、周囲からの信頼は厚いでしょう。

私が日ごろ接する人の中でも、「尊重のアンテナ」力が高い人は、とてもお付き合いしやすい印象があります。人を不快にさせることはまずありません。

家庭にたとえるなら、従順な子どものような存在です。

その空気を読もうとする姿勢、周囲への適応力の高さは、まるで子どもが親の愛を失わないように身につけた処世術のように見えます。

周囲の人に配慮することができる能力は、まさに気くばり力そのもの。


どんな「気くばり」でも、その根底にあるべきなのは、何より「**相手を大切に思う気持ち**」。

つまりは、相手を尊重する気持ちです。

相手の考え、仕事、存在そのものを尊重してこそ、**相手が何を考え、感じ、求めているのか、ちょっとした言動から読み取り、察する**ことができるのです。

そして、自分は謙虚な姿勢で振る舞い、決しておごりたかぶらない。

そうすることで、相手にとって「居心地のよい空気感」を提供できる人は、目の前にいる相手に、見えないプレゼントをしているのです。

この気くばりができると、こんな「あなた」に変わります！

- 「なぜだか、一緒にいると居心地がよい」と思われる
- 相手に安心感を与え、信頼される
- 場の空気を読め、「よく気がつく人」と言われるようになる
- 新しい環境にもすぐに適応できる
- 話をしやすい人と思われ、相談を持ちかけられるようになる

「尊重のアンテナ」の感度が高い人は、こんな人

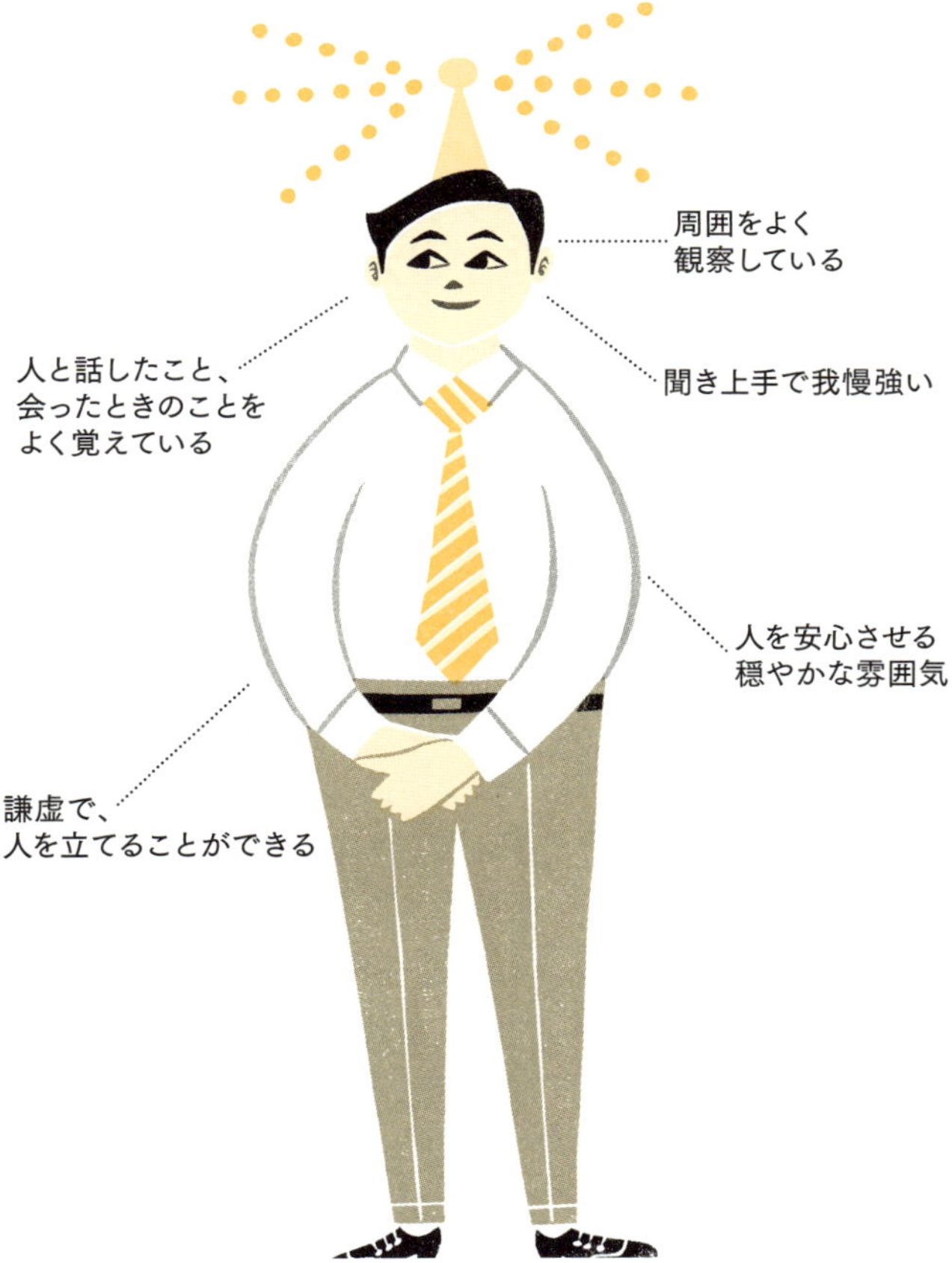
周囲をよく
観察している
人と話したこと、
会ったときのことを
よく覚えている
聞き上手で我慢強い
人を安心させる
穏やかな雰囲気
謙虚で、
人を立てることができる

尊重の気くばり①

「相手の名前」を意識して呼ぶ

「あなたを尊重している」と、自然かつ頻繁に伝える

「尊重のアンテナ」を持っている人は、接する相手に「居心地がよい」と思わせる達人です。それは、「この人は敵ではない」「自分のことを認めてくれている」「自分の考えや人格を尊重してくれている」と、相手に自然に感じさせるということです。

その具体的な方法を、いくつか紹介しましょう。

誰でも「特別に扱われている」と思うと、気持ちがいい

人は、自分が特別に扱われている、大切にされていると思うと居心地がよいと感じるものです。会話の中に「○○さん」と相手の名前を意識して入れると、相手は「この人は自分に関心がある」「尊重してくれている」と感じ、互いの距離が縮みます。

「この件について、意見を出してくれない？」

「この企画書、どう思う？」

と言われるよりも、

「この件について、○○さんの意見を聞かせてくれない？」

「この企画書、○○さんはどう思う？」

と言われるほうが、自分の意見が求められているんだと感じますし、できるだけよい意見を出して役立ちたいという気持ちにさせられますよね。

挨拶に、もうひと言プラスする

挨拶は人間関係の基本ですが、挨拶だけで終わらせるのはもったいない。気くばり上手は、挨拶にひと言プラスしています。


たとえば朝、出社したとき、同僚に対して、

「○○さん、おはようございます。**昨日は遅くまでお疲れさまでした**」

「○○さん、おはようございます。**今日の会議、スムーズに進むといいですね**」

そんなふうに声をかけます。すると、言われたほうは自分のことを気にかけてくれていると感じ、より親近感を抱きやすくなります。

「名刺」は相手の分身のように扱う

いただいた名刺は、相手の分身です。大切に受け取ったうえで、もし、相手の名刺のデザインがユニークだったり、珍しい苗字や名前だったりしたら、それについて、感じのよいひと言を言えるといいですね。

そしてどんなに感じがいい人でも、自分の名刺をぞんざいに扱われると、不快感を抱きます。打合せをしていて、机の上に散らばった資料と、渡した名刺が重なっていても、気にも留めない人がいますが、なんとなく嫌なものです。

相手と話している間は、〝名刺の座布団〟である名刺入れの上に、きちんと置いておきましょう。

ポイント

「あなたを大事にしている」とさりげなく発信

尊重の気くばり②

「相手と話したこと」を次に会うときのためにメモしておく

「覚えてくれていた！」という、うれしいサプライズ誰でも「自分に関心を持ってくれる人」には好感を持つものです。

ですから、仕事で名刺交換をしたとき、その人の情報を忘れないように、名刺の裏などに、会った日時、用件、特徴などをメモしておくことは基本です。

さらにワンランク上の人がやっているのが、ノートに整理してまとめておくこと。営業マンなら、ぜひやっていただきたいことです。

人と会ったらその日のうちに、というよりも会話をした直後に、その人の情報をメモしましょう。

書く内容は**「出身地」「雰囲気」「年齢」「家族構成」「好きな食べ物」「好みの色」**など、なんでも構いません。次に会ったときに必ず役立ちます。

私も以前はノートにメモをしていましたが、今はスマートフォンにメモをするようにしています。自分のやりやすい方法でいいでしょう。

「尊重のアンテナ」の感度が高い人は、さりげない気くばりの達人です。

それは、会った人の情報を忘れないようにメモしておくなど、地味な作業をコツコツと続けているからなのです。

2回目以降で〝相手との距離〟を一気に縮める方法

会った人の情報をメモしておくことのメリットは、2回目以降に会ったときにあります。せっかく初対面で好印象を持ってもらえても、2回目に会ったときにまるで「はじめまして」の状態に戻ってしまっては、もったいないですよね。

2回目で1回目より距離をしっかり縮めるために、その人の情報を覚えておくのです。

そして次に会ったときは、必ず初めて会ったときの話題に触れるのがポイントです。

たとえば、こんな感じです。

「前回お会いしたときに教えていただいた本、読んでみました。

素晴らしい本でした！　最近、ベストセラーばかり読んでいたので、教えていただかなければ絶対に出会えない本でした。教えていただいてよかったです。ありがとうございました」

「この前、教えていただいた店に行ってみました。相手の方もとても喜んでいて、おかげで仕事がスムーズに進みました。またいい店がありましたら、ぜひ教えてください！」

もしかしたら、話した本人は、忘れてしまっていることかもしれません。

●“次に会うとき”に話のタネになりそうなことは？●

それでも、話した相手が喜んでいて、感謝をされたら、悪い気はしないものです。

こうして確実に、相手との距離を縮めることができるのです。

何度か同じ店で食事を共にした男性と、またその店に入ったときのことです。

彼は店に入るなり、

「安田さんは、ここの席が好きでしたよね」

と言って、サッとその席に案内してくれたことがあります。

感動しましたね。どうということもないことですが、「覚えていてくれたのだ」と、**うれしくなります。**

こんなさりげない気くばりができるのが、「尊重のアンテナ」を持っている人です。

ちなみに、このタイプの人に、ウイスキーの水割りを作ってもらうと、おいしいです（笑）。なぜなら、私の好みの配分を覚えていてくれるからです。

また、プレゼントをくださるとき、私の好きな色を覚えていて、リボンをその色にしてくれるなど、他の人が気づかないような気くばりをしてくれる人もいます。

「尊重のアンテナ」の感度が高い人は、なぜこのようなことができるのでしょうか。

それは、**〝会った人の情報を蓄積している〟**からにほかなりません。

いい意味で、「安全・安心」であることを重視するタイプですから、周囲の情報をしっかり頭に入れておこうとするのです。

つまり、**「この人はこういうことは好まない」「こういうことを言ったら喜ぶ」**という情報を、習慣的にインプットしているのです。

会った人の情報を持っていれば、相手に合わせて気くばりの仕方を変えられるのです。これは、できそうで、なかなかできることではありません。だからこそ、できたら他の人と大きな差がつきます。

ポイント

「覚えておく」だけで気くばりの幅が広がる

尊重の気くばり③

考えが違っても、すぐに反論せず、一度は素直に受け入れてみる

「人の意見を聞ける人」は、味方を着々と増やす

「尊重のアンテナ」を持っている人は、ある意味、とても素直な人です。相手の言うことも、とても素直に受け入れます。

相手の言うことを素直に聞けることは、この上ない長所になります。

たとえば、あなたがとても忙しくしているのに、上司に頼まれごとをされたときの状況を思い浮かべてください。

上司：「○○君、悪いんだけどこの企画書、明日までに作っておいてくれないかな」

あなた：「えー、明日までですか？　はぁ……（困ったなぁ。今、仕事が立て込んでいて忙しいんだよな……）」

カッコの中の言葉はもちろん、心の中で思っていることです。いかがですか？「あるある」でしょう？

でも、なかには、

「はい、企画書を明日までですね。わかりました。今の仕事が済んだらすぐに取りかかります」

と答える人もいます。

「尊重のアンテナ」を持つ人は、間違いなくこのように答えるでしょう。人から頼まれたことに対して、抵抗も反論も嫌な顔もせずに、素直に引き受ける特性があるからです。

そんなことは理想論でしょうか？　でも、考えてみてください。

どっちにしても、頼まれた仕事は受けるのです。

それならば、気持ちよく受けたほうが、お互い気分がいいと思いませんか？

文句を言いながら仕事をしても、いいことは何もありません。

そして、頼まれたことは、できるだけすぐやるのが気くばりです。

「わかりました」と引き受けたなら、相手を待たせないこと。

何度も言いますが、**スピーディであることは気くばりそのもの**です。その速さに、相手は誠意を感じて感動するのです。

私の知っている企業のトップなどの一流の方々は、非常に忙しいにもかかわらず、人を待たせません。忙しいことは、仕事をやらない理由にはならないのです。

ただし、本当にできないことは、安易に引き受けてはいけません。曖昧《あいまい》な返事をして、誤解を受けることのないように注意しましょう。

変な「見栄」は持たないに限る

また、わからないことはわからないままにしておかないことも大切です。

「尊重のアンテナ」を持っている人は、わからないことも「素直に聞く」姿勢を持っています。

見栄を張らず、知ったかぶりをせず、素直に聞くことも気くばりです。

わからないままに進めると、仕事を頼んだ人やその関係者を困らせることになりかねません。後からやり直すことになれば、時間も労力も余計に費やすことになります。

わからないことは恥ずかしいことではありません。

恥ずかしいのはむしろ、知ったかぶり、わかったふりをすることです。

わからないことはわからないと伝え、**「教えてください」**ときちんとお願いすることが、あなたにとっても、仕事を頼んだ側にとっても一番いいのです。

「でも」「いいえ」を封印する

では、自分の作った資料や企画書などについて、同僚や上司から「もっとこうしたら？」「これはイマイチじゃない？」といった指摘やダメ出しをされたり、あるいは、打合せなどで自分と真逆の意見を言われたりしたときは、どうでしょうか。

「でも、私はこう考えて、これを作ったんです」

「いいえ、そういうことではなくて……」

と、反論したくなるでしょう。

それでも、まずは一度、いっさいの反論を封印して、相手の指摘を受け入れてみることです。

なぜなら相手も、「あなたに対して意見する」という勇気を払い時間も費やして、わざわざ指摘をしてくれたわけです。それだけでも、よく考え直す価値があるでしょう。あなたの視野が狭かったという可能性も考えられます。

ですから素直に、相手の指摘に感謝するのです。

「確かに、そういう面もあるかもしれませんね。ご指摘ありがとうございます。もう一度、検討してみます」

と言って、いったん引き取る。

そのうえで、よく検討して、「やっぱり、自分が最初に考えた通りにしたい」と思ったなら、そう伝え直すだけの根拠を用意して、もう一度提案すればいいのです。

ポイント

「素直」にまさる宝なし

尊重の気くばり④

話を聞くときは、「相手を肯定する姿勢」をなにげなくアピール

「聞き上手」を手放そうとする人は、いない

聞き上手であること、またうなずくことの大切さについては、前章ですでにお話ししましたが、「尊重のアンテナ」の感度が高い人は、別の意味で「聞く力」があります。

まず、相手の話を真剣に一生懸命聞く姿勢に、飛び抜けて秀《ひい》でています。首が痛くなるほど大げさにうなずくことも、もちろん気くばりですが、相手が深刻な話をしているときや、じっくり話を聞いてほしいときは、オーバーなリアクションがときに邪魔になることがあります。

「尊重のアンテナ」を持っている人は、どういったときにうなずき、どういったときに静かに耳を傾けるべきかを的確に判断できるのです。

何より、人の話していることをよく理解しようとします。

共感については、すでにお話ししましたが、このタイプの人は、自分の価値基準の中ではなく、あくまで相手の価値基準の中で共感できます。

つまり、本当に相手の痛みを感じるかのように話を聞き、共感できるのです。

相手の言葉を〝じっと待つ〟力

繰り返しになりますが、話を聞くときは、大きくうなずいたほうが、話すほうも話しやすいものです。

ただ、黙っていることが大切になるときもあります。
それは、相手が熟考しているときです。

よく、沈黙に耐えきれなくなって口を出す人がいますが、それは考えものです。

たとえば商談の席で、相手が真剣に考えているときに、沈黙に耐えきれず「いかがですか?」などと口を挟《はさ》んだら、うまくいくものもいかなくなってしまいます。

こうした、「相手の言葉を待つ力」を持っている人は、人から信頼されます。

何よりも大切なのは、言葉を待っているときの表情です。

「あなたのお返事がどのような内容でも、私は大丈夫ですよ」

「あなたのお考えがまとまるまで、いくらでも私は待てますよ」

という慈愛《じあい》に満ちた表情で待つことです。わかりやすく言い換えれば、やさしく見守るような表情です。

このとき、焦ってはいけません。

「早く答えてくれよ」などと心の中で思っていると、それが表情に出てしまうもの。せっかちな人ほど、意識して慈愛の表情をするようにしてください。

「あなたの返事を待つのも、有意義なことです」といった、ゆったりした気持ちで待てばいいのです。

「傾聴」ができる人の存在感

このように、自分の気持ちを抑えて、相手のペースに合わせることができる力が身につくと、ビジネスパーソンとしてワンランクアップします。

「傾聴《けいちょう》」という言葉をご存じでしょうか。

カウンセリングなどでいわれるコミュニケーションスキルの1つで、文字通り、耳を傾けて相手の話を熱心に聞くことを指します。

ビジネスにおいても、この傾聴力のある人が求められています。

傾聴とは、**相手の話をただ「音声」として聞くのではなく、相手の言葉を理解し、その真意や感情までも受け止め、寄り添って共感する聞き方**です。

もっと具体的に言うと――

- 人の話を遮《さえぎ》らずに聞く。どんなに話が長い相手でも、途中で遮ったり話の腰を折ったりせずに、誠実に耳を傾ける。
- 話を聞いている最中も、アイコンタクトやうなずきで、「あなたの話に関心を持っています」「話の続きを待っています」と伝える。
- 姿勢は、座っているときなら、両手は机の上に重ねておくなど、姿勢でも「あなたの話を真剣に聞いている」ことを示す（逆に、腕組みをして話を聞くのは、相手に威圧的な印象を与えるのでNGです）。

○意見を求められたときには、押しつけがましくならないよう、自分の考えを話す。

こんな話の聞き方ができる人は、傾聴力のある人です。

「尊重のアンテナ」の感度が高い人に、文字通り傾聴力が高い人が多いのは、人と対立することを嫌い、人の和を大事にする傾向があるからでしょう。

ズルいようですが、話をするよりも、聞くことに徹しているほうが、人との対立を避けられ、コミュニケーションの失敗も少なくなります。

●相手を安心させる「傾聴」の姿勢●

★肯定のあいづち
★慈愛の表情
★両手は机の上で重ねる
★人の話を遮らない
★相手が考えている
ときは急かさない

傾聴ができていると、勘違いや誤解が減り、ビジネス上でも相手が考えていることや指示の内容をしっかり理解できます。

「肯定のあいづち」を打つ

また、相手の考えや意見を尊重していることを伝える、「肯定のあいづち」を打つことも、相手を心地よくさせることにつながります。

「おっしゃる通りです」
「ええ、○○さんのおっしゃることはよくわかります」
「そのお気持ち、よくわかります」
「まったく同感です」
「その通りですね」

このようなあいづちは、相手への深い理解や忠誠心を示すことになり、言われたほうは非常に心強いものです。

特に自分の意見に従ってほしいと強く望むリーダータイプにとっては、このようなあいづちを打ってくれる人は心強い味方となり、決して手放せない存在でしょう。

肯定のあいづちをするだけで、決して裏切ったりだましたりしないという、特別な誠実さをアピールできるのです。

ポイント

「おっしゃる通りです」のひと言で、誠実さをアピール

尊重の気くばり⑤

その集まりの「キーパーソン」を見つけて、テンションを合わせる

↓場にすぐなじめると、どこへ行っても平気

私はかねがね、若い人たちに「飲み会に出たら、面白いことをひとつは言え」と言っています。

なぜなら、その人1人が面白くないために、「場の空気」が死んでしまうことがあるからです。

何も、飲み会を盛り上げる方法をここで述べたいわけではありません。

その場の空気を敏感に察知して、そこにいかに自分を合わせるか。これが重要なのです。

自覚なく、まわりに気を遣わせている人

その場に自分が存在することによって、何かマイナスの現象が起きていないかをチェックすることは、立派な気くばりと言えるでしょう。

たとえば職場仲間4、5人で一緒にお弁当を食べていたとしましょう。

自分がそこに入っていったら、なんとなく場が沈んでしまった――それに対して、「なんでだろう?」と考える人と、まったく気づかない人がいます。

あるいは、会社で○周年記念のパーティの席上、何人かでなごやかに談笑をしているところに、ある男性が入ってきたのですが、ひと言もしゃべりません。それどころか、自分がマイナスオーラ全開であることに気づいているにもかかわらず、「僕は、こういうキャラクターですから」という顔をして佇《たたず》んでいる――こういう人、いませんか?

「それが僕の特徴ですから、もう直せません」と開き直っている感じです。

人気俳優でミュージシャン、エッセイストでもある星野源《ほしのげん》さんが、テレビのインタビューでこのようなことを言っていました。

「以前はよく『僕は人見知りなんで……』と言っていました。でも数年前から、それがすごく恥ずかしいことに思えてきたので、言うのをやめました。

なぜかというと、**自分は人見知りなのだ、と言うことで、周囲の人に『だから気を遣ってくださいね』と言っているのと一緒だと思ったのです。**

それはすごく失礼なことだし、自分は何様なんだ、と思ったのです」

その通りだと思います。

この本の読者のみなさんには、人に気を遣わせたり、必要以上に「気くばりされる」人にはなってほしくありません。

最速で「その場の空気」に自分をなじませるには？

では、場の空気に素早く自分を合わせるには、どうすればいいのでしょうか。

そのために、いつもテンションを高くしている必要はありません。逆に、高すぎるテンションでふるまうと、空回りしてしまうことにもなりかねません。

沈黙を恐れて、話を盛り上げようと必要以上に1人でしゃべっても、痛い人になってしまいかねません。

大切なのは、最初の段階で、その場をしっかり観察することです。

具体的には、

- **その場にいる人たちは、どういう関係なのか**
- **その中で中心となっている、キーパーソンは誰か**
- **そのキーパーソンが好んでいる雰囲気はどのようなものか**

などです。

たとえば飲み会などでも、その場の全体の雰囲気は、そこに何人の人がいようとも、**必ずキーパーソンの好む雰囲気に合わせられているはず**です。

楽しい飲み会なら、明るくお酒を飲んで、酔っ払って多少騒ぐくらいでちょうどいいかもしれません。

逆に、堅《かた》い人たちの集まっている静かな飲み会なら、決してハジけたりせず、静かに飲めばいいのです。

私も大阪でお酒を飲むときは、普段以上にノリよく、親父ギャグを連発します。大阪の人は、笑わせてナンボ、笑いをとるのが正しい飲み方だからです。

相手にとっての「快適」を探す

まずは観察すること。

場のテンションや、そこにいる人たちにとっての「快適」は何かを探りながら合わせていきましょう。

たとえば私の場合、日本全国で講演会やセミナーを行なっていますが、その土地柄に合わせて、話す内容を少しずつ変えることを意識しています。

リアクションが大きく、打てば響くような反応が返ってくるお客様の場合は、随所《ずいしょ》にユーモアを交え、笑いをとります。

逆に、身動きひとつせず、うなずきもせず、シーンとしているけれど真剣に聞いてくれている場合もあります。そこでは、決して笑いをとろうとはしません。心穏やかにゆっくり話します。

話の聞き方も、相手に合わせること。

大きくうなずきながら、快活に話を聞くのがいいのか。

うなずきは控えめにして、真剣に話を聞き、メモをとるのがいいのか——。

全員がワインが好きなテーブルについて、「とりあえずビール！」とは言えないのと同じです。

相手が考えている「快適」をつかめたら、しめたもの。

「あの人は気くばりができる人だ」「あの人といるとなぜか、話しすぎてしまう」と言われるようになるでしょう。

ポイント

その場のキーパーソンにとっての「快適」を見極める

尊重の気くばり⑥

何があっても、「相手より先」に待ち合わせ場所に到着

「絶対に期待を裏切らない」という頼もしさ

「相手の不安を取り除く」ことが、気くばりにおいてはとても重要であることは、本書で何度も触れてきました。

たとえばもう30年近く、私は日本全国を講演会やセミナーで回っていますが、一度も遅刻をしたことがありません。会場には開始時間の1時間半前に着くようにしています。

「1時間半も前に行くなんて……」と思われる人もいるかもしれませんね。

通常は、そうしたセミナーの講師は1時間前くらいに着くのが一般的なのでしょう。なかには、ギリギリに到着して主催者をハラハラさせる人もいます。

しかし、これまでの経験上、30分前になっても講師が来ていないと、主催者はいてもたってもいられなくなるようです。

私が1時間半前に着くようにしているのは、「逆算して考えることが、仕事のなかでいかに重要か」を知っているからです。

会場には各地から、みなさんが交通費や宿泊費をかけて集まってくださっています。それを考えたら、決して遅刻はできません。

どんな交通機関でも遅れることがありますし、道が渋滞することもある。もし車を運転しているとしたら、事故に遭《あ》ってしまう可能性もないとは言えません。

一度でも遅刻をしたら、信用を失います。逆に言えば、1時間半前到着をルール化したことで、私は信用を得てきたとも言えます。

「人をハラハラさせない」ことは、気くばりの重要なポイントです。

相手の時間を1秒でもムダにしない・奪わない

通常の商談、打合せなら、余裕を見て20分前には現地に到着しておくべきでしょう。早く着けば、相手が来るまでの間、準備や確認をすることができます。

ただし、相手先の会社を訪問する場合は、先方の受付に入るのは、約束の時刻の5分前にすること（早く訪問しすぎても、相手の時間を奪うので迷惑になります）。近くの適当な場所で、適当な時間になるのを待ちましょう。

大事なのは、**絶対に遅れずに、相手より先に到着している**こと。

もし遅刻をしてしまったら、第一声は「申し訳ありません」になりますよね。ビジネスにおいて、謝罪からスタートするのは、大きなマイナスです。

会議であろうと商談であろうと、遅れた人は分《ぶ》が悪くなり、言いたいことも言えなくなってしまいます。焦る気持ちが先立って、平常心も保ちにくくなります。

「いつでも先に来ている人」でいること。それをルール化してしまえば、なんのことはありません。

また、約束をしてから当日までに期間が空いた場合は、前日に、

「明日、よろしくお願いします」

とリマインドのメールを送ることも、信頼につながる気くばりですね。

ポイント

絶対に相手に「待たせない」

尊重の気くばり⑦

手柄を人に譲り、「花を持たせる」ことも惜しまない

尊敬を集める存在に

「謙譲《けんじょう》」という言葉はご存じでしょう。

その意味は辞書によると、「へりくだること、控えめなこと、自分を低めることによって相手を高めること、謙遜《けんそん》」などとあります。

これこそまさに、「尊重のアンテナ」力が高い人の特徴です。

ほめられてもそれを人に自慢することなく、「いえ、そんなことはありません」と謙遜します。あくまで、相手を立てることを第一にするのです。

相手に花を持たせなければならないときは、喜んで黒子《くろこ》に徹することができ、また、慢心《まんしん》することも決してありません。

むしろ、自分を過小評価してしまうきらいがあるほどです。

「分《ぶん》をわきまえる」という言葉がぴったり当てはまるタイプなのです。

分をわきまえない発言は、それが思いやりからであっても、ときとして人をイラつかせます。

「自分が、自分が」というタイプの人や、目立つことが好きな人は、この分をわきまえた控えめな気くばり力を、ぜひ意識してみましょう。

人の功績を尊重する

たとえば、チームでやり遂げた仕事を、上司からほめられたとします。

そして、上司が、そのチームメンバー全員がそろっている前で、

「この提案書の、ここのところが特によくできていたよね」

などと言ったとします。

そんなとき、「尊重のアンテナ」の感度が高い人は、すかさず、

「はい。その部分は、○○さんが考えてくれたんですよ」

とさりげなく言います。

すると、チームメンバー全員の前で、○○さんは間接的にほめられている状態になるわけですから、当然、その人はとてもうれしく思うでしょう。

自分だって、その仕事で大きな役割を果たしているはずなのに、まわりに花を持たせることができる、仲間の功績のほうを尊重することができる。

「自分が、自分が」ではなく、まわりを立てることができる。

――そんな人は、ごく自然に尊敬と信頼を集めていきます。

「謙虚な姿勢」は、美しい

あるいは、こんなシチュエーションだったら、どうでしょうか。

職場で先輩が、あなたの知らなかったことを教えてくれました。それに対して、

「なるほど、そうなんですね」

と答える。

「このやりとりの何が悪いの？」と思っている人、いませんか？

「尊重のアンテナ」の感度が高い人なら、助言してくれた相手に対して、

「初めて知りました。ありがとうございます。勉強になりました」

と答えるでしょう。

先輩や上司など目上の人に対しては、つねに「教えていただく姿勢」を貫くことが大切です。

知識や情報を提供してもらったことにお礼を言える人は、実はそう多くはありません。だからこそ、きちんとお礼を言うことで、教えたほうはまた教えてあげたいという気持ちになるのです。

助言するときは「断言」を避ける

逆に、自分が助言をする立場だったらどうでしょうか。

私は趣味でテニスをやっていますが、私がテニスコートに行くと、「あ、安田さんが来たからコートを空けよう」という雰囲気になってしまいます。私がそのテニスクラブで一番古いメンバーなので、気を遣ってくれているのです。

ですから私は、どこまで存在感を出すのか、どういう態度をとるべきかを考えてふるまっています。

あまり偉そうにしてもいけませんし、腰が低すぎてもいけない。このさじ加減が難しいのです。


今、テニスでペアを組んでいるのは27歳のS君です。自分の子どもと言ってもおかしくないほど年齢に差があります。そのS君が先日、会社を起こしました。

私も会社を起こしたという意味では先輩ですから、何かアドバイスをしてあげたい。でも、テニス仲間に対して偉そうに説教は垂《た》れたくない。

そんなケースでは、言い方に気をくばらなくてはなりません。

たとえば、「起業してから3年以上存続している会社は10社のうち1社くらいしかない」ということを教えてあげたいとします。そんなときはこう言います。

「S君、深手を負う前に見切りをつけるというのも、大切なことかもしれないよ」と。

「○○かもしれない」という言い方で、断言しない。そこが、私なりの気くばりです。

あるいは、

「○○ということがあるのかもね」

「○○という可能性も、ちょっと頭に入れておいたらどう?」

という言い方をします。

私の経験値のほうが圧倒的に高いわけですから、断言はせず、自分の発言をあえて矮小化《わいしょう》するわけです。

ちなみに、人にはリスクを好むタイプ(リスクラビング)と、リスクを回避したいタイプ(リスクアバージョン)がいます。

車のセールストークでたとえると、リスクラビングのタイプは、派手で目立つことが好き。ですから、**「ロールスロイスはいいですよ。サハラ砂漠の真ん中でエンストしても、ヘリコプターが救助に来ますから」**と言ってお客様を口説きます。

一方のリスクアバージョンのタイプは慎重派ですから、**「カローラがおすすめです**

よ。なぜならサハラ砂漠の真ん中でも絶対故障しませんから」などと語りかけるのです。

これほど、人のメンタリティは違うという一例です。相手に合わせて気くばりの仕方を変えるには、これほど気を遣わなければなりません。

人にアドバイスをするときも、相手の特性を読み間違えないことが、とても大切になるのです。

ポイント

相手を立てられる人は、みんなからひそかにリスペクトされている

「論理」のアンテナ→3章

□ 感情的にならずに人と話すことができる
□ 相手にとってわかりやすく話すことを意識している
□ 事実やデータを重視する
□ 細かい部分にも手を抜かずにこだわりたいほうだ
□ 自分の好き嫌いではなく、客観的な根拠に基づいて判断する
□ ムダを省くことを意識している

「サービス精神」のアンテナ→4章

□ 人と話すときは、相手に楽しんでもらおうとする
□ 冗談を言って人を笑わせるのが好きだ
□ あいづち、話すペースは人に合わせている
□ つねに「面白いことはないか」と探している
□ あまり人見知りはしないほうだ
□ 年の離れた人とも抵抗なく付き合える

「尊重」のアンテナ→5章

□ 会話で「聞き役」に回ることは嫌ではない
□ 相手の出方を見て、自分の出方を決めている
□ 物事は慎重に進めるほうだ
□ 人の意見は、それがダメ出しでも素直に聞く
□ なるべく人の長所を見るようにしている
□ 人の好みや、話した内容は覚えておくようにしている

あなたの気くばりの「アンテナ感度」をチェック

※あてはまる項目が多ければ、そのアンテナの感度が高く、あてはまる項目が少なければ、そのアンテナの感度が低いことがわかります。

「俯瞰」のアンテナ→1章

- ☐ 人に指示されなくても、自分で考えて動く
- ☐ 結論から話すように意識している
- ☐ 決められたルールはきっちり守るほうだ
- ☐ 上司のスケジュールを把握している
- ☐ スピーディに対応するよう心がけている
- ☐ 集まりの幹事役、まとめ役が苦にならない

「共感」のアンテナ→2章

- ☐ 人には、感じよく接するよう意識している
- ☐ 困っている人がいたら、手を貸したくなる
- ☐ 人をほめるのが好きだ
- ☐ 結果よりも過程が大切だ
- ☐ 後輩や年下の人の面倒をよく見る
- ☐ ていねいな言葉遣いを心がけている

あなたの「気くばり力」のグラフを描いてみましょう

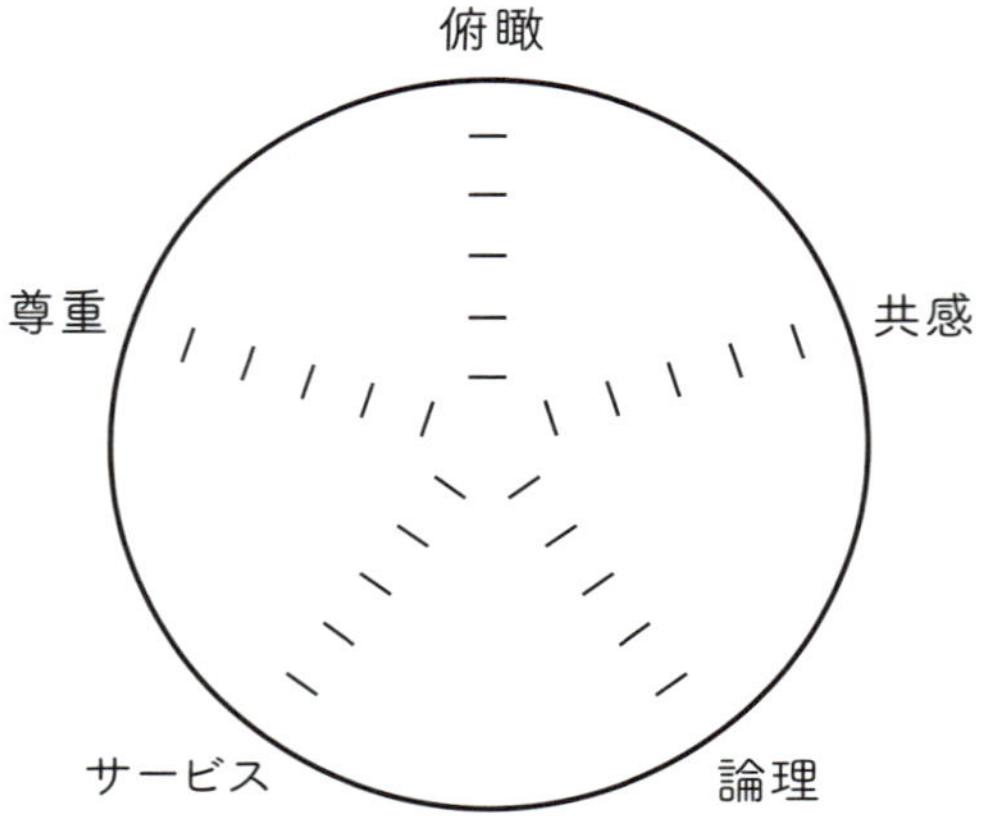

もっと詳しく調べたい方は、下記のサイト「コミュニケーション診断ツール　searchMe」にて診断してみてください。
https://searchme.jp

俯瞰のアンテナ＝CP、共感のアンテナ＝NP、論理のアンテナ＝A、サービス精神のアンテナ＝FC、尊重のアンテナ＝ACに対応しています。

できる人《ひと》は必《かなら》ず持《も》っている
一流《いちりゅう》の気《き》くばり力《りょく》

著　者――安田　正（やすだ・ただし）
発行者――押鐘太陽
発行所――株式会社三笠書房
〒102-0072 東京都千代田区飯田橋3-3-1
電話：(03)5226-5734（営業部）
：(03)5226-5731（編集部）
http://www.mikasashobo.co.jp
印　刷――誠宏印刷
製　本――若林製本工場

編集責任者　長澤義文
ISBN978-4-8379-2734-1 C0030
© Tadashi Yasuda, Printed in Japan
＊本書のコピー、スキャン、デジタル化等の無断複製は著作権法上での例外を除き禁じられています。本書を代行業者等の第三者に依頼してスキャンやデジタル化することは、たとえ個人や家庭内での利用であっても著作権法上認められておりません。
＊落丁・乱丁本は当社営業部宛にお送りください。お取替えいたします。
＊定価・発行日はカバーに表示してあります。

三笠書房

自分の時間
1日24時間でどう生きるか

アーノルド・ベネット【著】
渡部昇一【訳・解説】

イギリスを代表する作家による、時間活用術の名著
朝目覚める。するとあなたの財布には、まっさらな24時間がぎっしりと詰まっている――
◆仕事以外の時間の過ごし方が、人生の明暗を分ける ◆1週間を6日として計画せよ ◆習慣を変えるには、小さな一歩から ◆週3回、夜90分は自己啓発のために充てよ ◆計画に縛られすぎるな……

「気の使い方」がうまい人
相手の心理を読む「絶対ルール」

山﨑武也

なぜか好かれる人、なぜか嫌われる人
――その「違い」に気づいていますか?
「ちょっとしたこと」で驚くほど人間関係は変わる! ●必ず打ちとける「目線の魔術」 ●相手に「さわやかな印象」を与えるこのしぐさ ●人を待たせるとき、相手の〝イライラ〟を和らげる法…など誰からも気がきくといわれる話し方、聞き方、接し方のコツを101紹介。

賢く「言い返す」技術
攻撃的な人・迷惑な人・「あの人」に

片田珠美

かわす・立ち向かう・受け流す――

自分を守る〝策〟を持て!

〝言い返す技術〟。これは、相手と「同じ土俵」でやり合うためのテクニックではない。相手の攻撃を〝空回り〟させたり、巧みに反撃したりして、もう二度と繰り返させないための〝賢い方法〟である。この対策で、人間関係の悩みなど消えてしまうはずだ。(著者)

T30320